novum pro

AF165317

CARLOTTA LIBERT

# Schwarz und Weiß sind keine Farben

Bis an die Grenze der Selbstzerstörung mit einem persönlichkeitsgestörten Mann

novum pro

Bibliografische Information
der Deutschen Nationalbibliothek:

Die Deutsche Nationalbibliothek
verzeichnet diese Publikation in
der Deutschen Nationalbibliografie.
Detaillierte bibliografische Daten
sind im Internet über
http://www.d-nb.de abrufbar.

Alle Rechte der Verbreitung,
auch durch Film, Funk und Fernsehen,
fotomechanische Wiedergabe,
Tonträger, elektronische Datenträger
und auszugsweisen Nachdruck,
sind vorbehalten.

Gedruckt in der Europäischen Union
auf umweltfreundlichem, chlor- und
säurefrei gebleichtem Papier.

© 2024 novum publishing gmbh
Rathausgasse 73, A-7311 Neckenmarkt
office@novumverlag.com

ISBN 978-3-7116-0115-5
Lektorat: Caroline Siewert
Umschlagfoto:
Pavlo Rumiantsev I Dreamstime.com
Umschlaggestaltung, Layout & Satz:
novum Verlag

**www.novumverlag.com**

### Triggerwarnung

In diesem Buch geht es um Trigger, also Auslöser schwieriger Gefühle, Erinnerungen und Flashbacks. Der gesamte Text enthält Beispiele für solche Trigger – wie Gewalt, Diskriminierungserfahrungen, etc. Bei manchen Menschen können diese Themen negative Reaktionen auslösen. Bitte sei achtsam, wenn das bei dir der Fall ist.

# Inhaltsverzeichnis

Vorwort .............................................. 9

Zu mir ............................................... 12

Kapitel 1 – Für Susanne und für mich ................. 16
Kapitel 2 – Aller Anfang ist rosa .................... 20
Kapitel 3 – Erste Risse, die keine Risse sein durften ..... 29
Kapitel 4 – Spaß am Sex; Fragezeichen! ............... 41
Kapitel 5 – Seine besten Freundinnen plus ... ........... 58
Kapitel 6 – Alles für die Familie .................... 76
Kapitel 7 – Gewalt ................................... 87
Kapitel 8 – Lichtblick ............................... 100
Kapitel 9 – Das Ende ................................. 107
Kapitel 10 – Alles auf Neu und was Scham
              und Schuld damit zu tun haben .......... 122

Nachwort ............................................. 141

Endnoten ............................................. 142

# Vorwort

Mein Ex-Mann hat mich über Jahre hinweg sexuell, physisch, vor allem aber psychisch und emotional aufs Äußerste missbraucht, verletzt und meinen Kindern und mir tiefe Narben zugefügt. Weder seine Biografie noch seine diagnostizierte Borderline-Persönlichkeitsstörung[1] noch seine Entschuldigungen, seine Erklärungen, seine narzisstischen Züge, seine Probleme mit Alkohol oder sein Opfergehabe können oder dürfen sein Verhalten entschuldigen. Wenn er in meinen Ausführungen so dargestellt wird, als müsste man Mitleid mit ihm haben oder Verständnis einfordern, so ist das der Tatsache geschuldet, dass ich meine Geschichte aus meiner Erinnerung heraus schildere und damals mein Empfinden und mein Mitgefühl für ihn so waren. Aber er war schon immer und ist es noch: ein Täter. Die ganze Geschichte hindurch wird er mein „Ex-Mann" heißen, unabhängig davon, ob ich zu manchen Zeitpunkten noch mit ihm verheiratet war oder schon getrennt. Ich wähle bewusst diesen Begriff und keinen Namen, weil ich mich emotional von ihm distanziere. Außerdem ist mir wichtig, dass ich deutlich von seiner Sprache und seinen Handlungen Abstand nehme. Ich beschreibe detailliert und nutze seine Ausdrücke. Diese sind jedoch nicht meine.

Er musste durch eine harte Kindheit, seine Familie hat auch bei ihm tiefe Narben hinterlassen, aber sich diesen Traumata

---

1 Die Borderline-Persönlichkeitsstörung ist eine psychische Erkrankung. Typisch für sie sind Impulsivität, instabile aber intensive zwischenmenschliche Beziehungen, rasche Stimmungswechsel und ein schwankendes Selbstbild aufgrund von gestörter Selbstwahrnehmung. Hinzu kommen oft selbstschädigendes Verhalten, Gefühle innerer Leere, Dissoziationserlebnisse und Angst vor dem Verlassenwerden. Symptome der BPS können durch Situationen ausgelöst werden, die andere als normal empfinden.

nicht zu stellen, diese bewusst als Antrieb für seine Entscheidungen zu nehmen, entlässt ihn ein für alle Mal aus der Opferrolle und macht ihn nur umso mehr zum Täter. Gewalt, psychischer Terror und emotionale Erpressung waren seine treibende Kraft in unserer Beziehung und Ehe. Es war ein harter Kampf, sich aus dieser zu befreien. Dieser Kampf dauerte Jahre an und hat mich und meine Kinder aufs Schwerste verwundet. Ihn dann nach diversen Gewalteskapaden schließlich tatsächlich zu verlassen und meine Kinder und mich aus dieser Ehe herauszunehmen war eine bewusste Entscheidung, die mich unendlich viel Kraft gekostet hat. Ich musste all meinen Mut und meine Kraft zusammennehmen, um den finalen Schritt endlich zu gehen. Es war eine Entscheidung, mein Leben und das Leben meiner Kinder, so, wie sie es kannten, hinter uns zu lassen und neu anzufangen. Und zu heilen. Alleine und mit Hilfe einer Therapeutin. Ein nicht unerheblicher Teil dieser Heilung und meiner Therapie ist dieses Buch.

Schon während ich meine Geschichte aufschrieb, fiel mir auf, dass ich an so vielen Stellen meinem alten Ich hätte entgegenschreien wollen: „Mach die Augen auf!", „Renn weg!" oder ein einfaches: „Warum?" hätte fragen wollen. Und auch als ich meine ersten Entwürfe meinen Freundinnen zum Lesen gab, kamen immer wieder genau diese Anmerkungen oder Fragen. Doch damals konnten sie mir diese Fragen nicht stellen, denn ich war selbstgewählt komplett allein und zurückgezogen mit meinem Leben und meinen Entscheidungen. Deshalb habe ich meine Fragen an genau diesen Stellen meiner Geschichte aufgeschrieben und sie mir selbst gestellt, weil ich mir vorstellen kann, dass die Fragen auch bei den Leser:innen zu genau diesen Momenten auftauchen werden. Und auch meine Freundinnen kommen nun endlich zu Wort. Auch wenn ich sie damals schon aus allem mehr und mehr ausschloss, gab es die ganze Zeit Beobachtungen und Fragezeichen bei ihnen. Ich hätte ihnen damals nicht zugehört. Aber heute gebe ich ihnen das Recht, ihre Sicht auf mich und meine Ehe zu schildern und mir Fragen zu stellen. Und ich habe versucht, Antworten zu finden, aus meiner damaligen Perspektive und auch aus meiner heutigen Sicht auf die Ereignisse. Denn nur so kann diese Warnung hoffentlich auch wirklich als Warnung verstanden werden. Dabei werden bestimmt auch manche Situationen unkommentiert oder manche Fragen unbeantwortet bleiben. Alles aufzuklären scheint mir auch einfach unmöglich. Daher sollen die gestellten Fragen nur exemplarisch zeigen, dass es im Rückblick unzählige Situationen gab, an denen ich hätte gehen müssen. Auch können die Antworten nur aufzeigen, was damals meine Beweggründe waren. Vielleicht gibt es auch andere Sichtweisen oder andere Antworten von den Leser:innen. Abschließend muss jeder seinen eigenen Umgang finden und dies hier ist meiner.

Meine Geschichte ist nicht grundsätzlich chronologisch aufgeschrieben. Stattdessen habe ich sie in unterschiedliche Kapitel zu unterschiedlichen Erlebnisschwerpunkten aufgeteilt, die teilweise parallel in meinem Leben stattfanden. Auch wenn das für Leser:innen verwirrend sein mag, erscheint es mir dennoch als hilfreicher, wenn es darum gehen soll, die psychischen Störungen und Darstellungsformen dieser toxischen Ehe in ihren extremen Symptomen aufzuzeigen. Daher gibt es zum Beispiel ein Kapitel, welches sich nur mit der Gewalt beschäftigt und ein anderes, das sich um unsere Kinder und das Familienleben dreht. Beides fand aber parallel statt. Um dennoch so etwas wie einen roten Faden anzubieten, schreibe ich in Schlüsselsituationen mein Alter dazu und verweise auf andere Situationen und hoffe so, dass man mein Leben und die Spirale, in der ich gefangen war, nachvollziehen kann.

## Zu mir

Ich wurde schon oft mit der stereotypen Vorstellung konfrontiert, dass Gewalt und gestörte Beziehungen meistens bei den Menschen zu finden seien, die in ihrer Kindheit und Jugend schon mit Gewalt konfrontiert waren. Oder es müssen ja – nach allgemeiner Vorstellung – gestörte oder kaputte Familienverhältnisse vorliegen. Aber das ist oft nicht der Fall. Jeder Mensch, egal ob Mann oder Frau, gebildet oder einfacher gestrickt, arm, reich, aus „gutem Hause" oder sozial schwächer aufgestellt kann Opfer von Gewalt werden. Jeder kann sich plötzlich wiederfinden in einer Beziehung, die Gewalt lebt.

Ich wurde sehr behütet erzogen, war Tochter in einem emotional stabilen Elternhaus. Geboren wurde ich 1979 und ein paar Jahre später kam mein jüngerer Bruder zur Welt. Noch immer habe ich ein sehr gutes Verhältnis zu ihm und auch zu meinem Vater. Meine Mutter verstarb als ich 34 Jahre alt war. Zu meiner kompletten Familie, inklusive Großeltern, Tanten, Onkeln, Cousins und Cousinen gehören relativ viele Personen, auch unser Freundes- und Bekanntenkreis war und ist recht umfangreich. In meiner Kindheit und Jugend war demnach entsprechend viel los, meine Freunde allzeit gern gesehen. Wir alle gingen immer wertschätzend und verständnisvoll miteinander um. Ich habe kennengelernt, dass wir gegenseitig füreinander da sein und uns unterstützen sollen. Dieses Füreinander-da-sein ist bis heute ein fester Bestandteil in meinem Leben und beeinflusst mich in meinen Entscheidungen maßgeblich.

Meinen Eltern war immer wichtig, dass ich gesund bin und eine unbeschwerte Kindheit leben kann. Ich habe erlebt, dass es für jede Art von Kummer, Sorgen oder Problemen Lösungen gibt, dass man nie aufgeben darf und immer Hoffnung besteht. Wir haben sehr oft Freunde oder Familienmitglieder unterstützt oder in schweren Zeiten begleitet. Für mich war das selbstverständlich. Es war immer wichtig, über alle Probleme zu sprechen, sie gemeinsam zu lösen. Gewalt oder Aggressivität waren für mich Fremdwörter, mehr noch; das Konzept von Gewalt – physischer und psychischer – waren absolute *No-Gos* in unserer Familie. In der Schule waren meine Leistungen durchschnittlich, grundsätzlich mochte ich sie nicht, denn Freunde und Spaß am Leben standen im Vordergrund. Ich musste auch nie mit Einsen nach Hause kommen, durchschnittlich gute Leistungen wurden gelobt, bei schlechteren wurde ich getröstet. Meine Mutter hatte so insgesamt ein bisschen die „Laissez-Faire"-Pädagogik für sich etabliert. Dennoch hat es dann am Ende für mein Abitur ausgereicht. Mein Vater hatte insgesamt eine etwas strengere Art, konnte aber gegen meine Mutter nicht immer ankommen und ließ uns Kindern auch das ein oder andere durchgehen. Trotzdem hatte er eher eine dominante Ader, wusste meistens alles besser, seine Meinung stand bei dem Rest der Familie recht weit oben. Ich habe gelernt, das zu akzeptieren, ihn so zu lassen. Die Zeit hat gezeigt, dass er im Laufe des Älterwerdens hier auch ein wenig nachgiebiger und weicher geworden ist. Ihn damals zu ändern, hätte wahrscheinlich ohnehin nur wenig Erfolg gehabt. Meistens behielt er ja auch Recht und insgeheim bewunderte ich ihn auch ein bisschen dafür, dass er immer für alles eine Lösung finden konnte. Alles in allem waren beide Eltern auf ihre Art dominant, ich hielt mich eher diplomatisch zurück, die Harmonie stand für mich in meiner Familie an erster Stelle. Meine Hobbys – verschiedene Sportarten, Musik und allerlei Haustiere – wurden immer und bedingungslos unterstützt, so wie meine Leidenschaft für Pferde und das Reiten. Eine erste Krise in unserer Familie erlebte ich mit etwa 14 Jahren, als meine Mutter das erste Mal schwer erkrankte. Natürlich übernahm ich mit meinem Vater Teile des Haushaltes und kümmerte mich um meinen Bruder, unterstützte meine Mutter in dieser Zeit, wo ich nur konnte. Wir standen die Therapien, wochenlange Kuraufenthalte und alles, was dazu gehörte, zusammen durch. Als ich 30 war, erkrankte meine Mutter dann erneut, es war der Anfang vom Ende. Sie kämpfte vier Jahre lang, dieser Kampf endete mit ihrem Tod. In diesen Jahren des Kämpfens war ich so gut es ging für sie da. Unterstützte, wo ich konnte, war einfach nur bei ihr.

Meinen ersten festen Freund hatte ich mit 16 Jahren, die Beziehung hielt ein bisschen über ein Jahr. Danach hatte ich für etwa zwei Jahre einen Freund, die dritte Beziehung begleitete mich noch bis ins Studium, bis in die Zeit, in der ich mich von meinen Eltern dem Alter entsprechend ganz normal löste. Diese ersten festen Freunde, die ich hatte, waren fürsorgliche und durch und durch liebe Menschen. Es gab den üblichen Herzschmerz und Eifersüchteleien, alles, was so zum Prozess des Erwachsenwerdens dazu gehört. Aber nichts an meinen ersten Beziehungen prägte mich für das, was mir mit meinem Ex-Mann bevorstehen sollte. In den recht kurzen Zeiten, in denen ich Single war, hatte ich die eine oder andere Affäre, auch mal einen One-Night-Stand. Ich war in allem kein Kind der Traurigkeit, aber exzessive Drogenpartys, ausschweifende sexuelle Eskapaden oder ähnliches waren nie etwas für mich. Nach meinem Abitur fing ich zunächst an, zu studieren, brach jedoch nach fünf Semestern ab, weil mir der Studiengang zu theoretisch war und ich das Bedürfnis hatte, meinen Alltag mit etwas Praktischem zu füllen. In dieser Zeit des Studiums bekam ich ein eigenes Pferd, um das ich mich kümmerte, hatte die üblichen Studentenjobs, führte ein völlig normales Leben. Nach dem Abbruch des Studiums begann ich, eine Ausbildung zu machen. Während der Ausbildung kam ich dann mit meinem Ex-Mann zusammen, den ich zu diesem Zeitpunkt schon einige Jahre kannte. Um diese Ehe wird es hier in meinem Buch primär gehen. Aus dieser Zeit gingen meine beiden leiblichen Kinder hervor.

Ich halte mich selbst für eine intelligente Frau, sehe gut aus und bin ganz und gar nicht auf den Mund gefallen. Trotzdem muss es etwas in und an mir geben, dass es zugelassen hat, mich während meiner Ehe immer kleiner und schwächer werden zu lassen. Heute, im Jahr 2022, bin ich 42, lebe etwa 400 Kilometer entfernt von meinem Ex-Mann. Ich habe mit meinen Kindern und meinem jetzigen Lebensgefährten ein neues Leben angefangen und bin seit kurz nach der Trennung in Therapie. Auch meine Kinder nehmen psychologische Hilfe in Anspruch. Ich habe eine tolle Arbeit gefunden und darf endlich spüren, was es heißt, zu Hause zu sein, angekommen zu sein im Leben. Zwar bin ich noch im Prozess des Hinter-mir-Lassens, aber meine Schritte werden von Tag zu Tag größer und ich blicke immer seltener zurück. Meine Therapeutin unterstützt mich weiterhin, meine Kinder werden therapeutisch auch gut versorgt. Es wird noch dauern, aber es geht vorwärts. Ich habe mich befreit und ich kann wieder leben, ohne Angst zu haben. Ich nehme mein Leben und mein Schicksal selbst in die Hand und bin glücklich.

# Kapitel 1 – Für Susanne und für mich

Insgesamt kann ich nicht sagen, wie weit ich ausholen soll, um das alles hier greifbar zu machen. Tatsächlich habe ich mich einfach hingesetzt und zunächst nur versucht, alles chronologisch aufzuschreiben, damit ich nichts vergesse. Ich schreibe meine Geschichte nun also auf für mich, um mich nochmals mit all den Situationen auseinanderzusetzen, und für meine Kinder. Damit ich Ihnen irgendwann mal alles beantworten kann, wenn sie mich fragen, was damals passierte. Und für Susanne. Susanne ist ein Mensch, den ich überhaupt nicht kenne. Ich weiß lediglich, dass sie die neue Lebensgefährtin meines Ex-Mannes ist. Ich könnte jetzt hergehen und sagen, mich ginge diese neue Beziehung nichts an, was ehrlicherweise auch der Fall ist. Aber was ist, wenn man weiß, zu was mein Ex-Mann in der Lage ist? Oder ganz allgemein, wozu jemand in der Lage ist, wenn sie oder er an einer Persönlichkeitsstörung leidet und dadurch Menschen im Umfeld in Mitleidenschaft zieht, seien es Familie, Freunde oder auch einfach nur die Nachbarin im Haus nebenan?

Wenn ich sehe, dass ein Kind auf die Straße rennt und ein Auto kommt, muss ich es da nicht warnen, ihm helfen, ihm vielleicht sogar das Leben retten? Das Dramatische an der Sache ist, dass meine Worte vielleicht tatsächlich dazu beitragen könnten, Susanne das Leben zu retten, würde sie sie denn bewusst wahrnehmen. Allerdings kann ich aus meiner Erinnerung heraus sagen, dass ich in der gleichen Situation wohl kaum bewusst zugehört hätte. Wenn mich damals etwas hätte wachrütteln können, dann nur absolut klare Beweise – Videos, Fotos, Zeugen – in denen ich seine Gewalt gesehen hätte. Und selbst dann hätte ich vielleicht doch ihm geglaubt. Bestimmt hätte er mich überzeugt, ihm zu verzeihen, ihm doch zu vertrauen. Und dennoch hätte ich gerne jemanden gehabt, der mich warnt oder es zumindest versucht hätte. Oder jemanden, der mir ein Samenkorn des Zweifels hätte pflanzen können. Ich hätte gerne eine Wahl gehabt.

**Warum hatte ich die Wahl nicht? Weil mir keiner Bescheid gesagt hat oder weil ich schon viel zu schnell gefangen war in dem ganzen Zirkus? Und wenn das Zweite der Fall ist, wieso sollte dann Susanne die Wahl haben? Hatte ich wirklich kein einziges Mal ein schlechtes Bauchgefühl? Und wenn ja, warum habe ich das so ignoriert?**

Ich war viel zu schnell schon viel zu tief verankert in der neuen Beziehung zu meinem Ex-Mann. Mein absoluter Lebensmittelpunkt, mein Anker war er. Eine Welt jenseits unserer Zweisamkeit nahm ich schon nach kürzester Zeit nicht mehr wahr. Zu erklären, wie er es schaffen konnte, mich so einzuwickeln, dass ich von Anfang an jedes Wort von ihm auf die Goldwaage legte, ist eine der Hauptaufgaben dieses Buches. Heute könnte ich es mir niemals verzeihen, wenn er Susanne etwas antut, ohne dass ich nicht wenigstens versucht habe, sie zu erreichen. Ich kann heute immer noch nicht fassen, dass ich eine so gewaltvolle Beziehung und Ehe über so viele Jahre als mein Schicksal akzeptiert habe, dass ich das so lange alles mitgetragen und ausgehalten habe. Hätte mir jemand in der Anfangszeit meiner Beziehung diese Dinge über ihn gesagt, so hätte ich das wahrscheinlich nicht glauben können, so geblendet war ich. Deswegen muss ich einkalkulieren, dass auch Susanne mir nicht glauben wird. Wenn ihre Beziehung zu meinem Ex-Mann gerade in der Anfangszeit genauso intensiv ist, ist das sogar wahrscheinlich. Vielleicht wird sie bleiben, vielleicht werden mein Buch und meine Berichte über mein Leben mit ihrem neuen Freund nichts bewirken. Es liegt nicht in meiner Verantwortung, ihre Entscheidungen zu treffen. In Anbetracht der momentanen Lage bezweifle ich sehr stark, dass er sich und sein Leben ändern wird. So lange er sich keine wirkliche Hilfe sucht – außerhalb einer von ihm dominierten Beziehung – so lange er noch immer an seiner gestörten Opferrolle festhält, so lange wird er Täter bleiben!

Ich habe lange überlegt, ihn wegen seiner Taten anzuzeigen, war mir aber unsicher, ob meine Kinder und ich die ganzen Verhör-Strapazen überstehen würden. Außerdem wusste ich nicht, ob und inwieweit auf die ganzen psychologischen Aspekte Rücksicht genommen wird. Wissen die Polizei und das Gericht, was es bedeutet, in einer Co-Abhängigkeit[2] zu leben? Wie man in einer Co-Abhängigkeit landet? Dass man ab einem bestimmten Zeitpunkt die eigenen Gefühle nur noch durch die des Partners ersetzt und diese zu seinen eigenen macht, ohne zu hinterfragen? Und wie gehen die Kinder damit um, wenn sie damit konfrontiert werden, dass der eigene Vater ein Täter ist? Weit über das hinaus, was sie ohnehin schon gespürt haben? Wenn der Vater in der Öffentlichkeit verurteilt wird? Würde sich auch ihr Blick auf mich durch einen Prozess ändern?

Nach vielen Gedanken und Abwägungen habe ich mich mittlerweile bewusst dagegen entschieden, vor Gericht zu gehen. Nicht, weil ich denke, dass er mit seinem Verhalten davonkommen soll. Die tatsächlichen Gründe liegen zum einen im Rechtssystem Deutschlands. Teile seiner Taten sind mittlerweile verjährt und mehrere Beratungen bei Anwälten und Opferhilfen ergaben, dass die Aussicht auf Erfolg nur sehr mäßig sei und mit einem hohen Risiko verbunden, ihn vor dem Gesetz von allem freizusprechen. Und dieses Gefühl der Unschuld möchte ich ihm auf keinen Fall geben. Vor allem aber bin ich fest davon überzeugt, dass meine Geschichte zwar erzählt werden muss, vor allem aber meinen Kindern

---

2 Co-Abhängigkeit kann entstehen, wenn Partner A in einem abhängigen Verhältnis zu etwas steht und Partner B aus Eigennutz unterstützt. Partner B lebt dann in einer Co-Abhängigkeit. In einer Co-Abhängigkeit einer Boderline-Beziehung tut der Partner alles für den Betroffenen und stellt seine eigenen Bedürfnisse in den Hintergrund. Damit wird die psychische Störung aufrechterhalten oder sogar verstärkt.

erzählt werden muss, wenn sie alt genug und bereit genug dafür sind, alle Details kennenzulernen. Und eine Gerichtsverhandlung würde genau diese Auseinandersetzung jetzt schon aufzwingen. Heute weiß ich, dass ich ihn nach jeder Straftat direkt hätte anzeigen müssen, dass ich zum Arzt hätte gehen müssen, um Beweise zu sammeln. So hätte ich auch heute noch eine faire Chance vor Gericht. Daher geht meine erste Bitte an all diejenigen, die sich in einer ähnlichen Lage befinden: Dokumentiert alles. Geht zum Arzt, ins Krankenhaus, haltet alles fest. Denn wenn ihr euch irgendwann befreien könnt, dann habt ihr es in der Hand, weitere Konsequenzen zu ziehen. Macht nicht den gleichen Fehler wie ich.

Ich weiß heute folgendes: Auch wenn ich ihn nicht vor Gericht zur Verantwortung ziehen kann, so habe ich mich dennoch mittlerweile seiner Macht entzogen, indem ich nun 400 Kilometer entfernt ein neues Leben angefangen habe. Der Kontakt zwischen ihm und seinen Kindern ist auf ein absolutes Minimum reduziert, vor allem, weil meine Kinder keinen Kontakt mehr zu ihm haben wollen.

Ich habe mich seiner Macht entzogen, damit ich für sein Verhalten keine Erklärungen und Entschuldigungen mehr suchen muss – nur damit ich das alles irgendwie ertragen kann. Ich bin frei.

Ich habe mich seiner Macht entzogen, damit ich meine eigenen Entscheidungen und die Entscheidungen für meine Kinder alleine treffen kann und keine Angst mehr vor ihm haben muss.

Und ich entziehe mich noch immer mehr und mehr seiner Macht, indem ich meine ganze Geschichte mit ihm immer mehr und mehr aus mir „herauslade". Auch darum schreibe ich dieses Buch. Es wird meine „externe Festplatte", auf der dieser Teil meines Lebens gespeichert wird, aber in meinem Alltag keine Rolle mehr spielt.

Meine Kinder sind wertvoll, ich bin wertvoll und wir haben nur dieses eine Leben.

Und dieses Leben hat keine Gewalt verdient!

## Kapitel 2 – Aller Anfang ist rosa

Kennengelernt habe ich ihn, als ich etwa 19 Jahre alt war. Er war damals 26. Ich traf ihn auf einem Konzert der Band, in der ich damals Akkordeon spielte. Nach dem Konzert sprach er mich an und bedauerte den miesen Sound der Anlage. Er sei traurig darüber gewesen, dass man mein Instrument gar nicht gehört hätte. Das blieb hängen, weil jemand ernsthaftes Interesse an mir zeigte. Außerdem war er vom Fach, was mich begeisterte. Das gibt es nicht so häufig. Abgesehen davon war er einfach sehr nett und empathisch.

Er war mit meinem damaligen Gitarristen noch in einer anderen Band. So habe ich ihn dann immer mal wieder auf Konzerten getroffen, aber nie wirklich etwas mit ihm zu tun gehabt. Ich hätte auch nie gedacht, dass er sich für mich interessierte. Wir hatten schließlich kaum etwas miteinander zu tun. Er hatte eine große, gut laufende Kreativ-Werkstatt für Jung und Alt, seine Hobby-Band war, zumindest lokal, sehr angesagt. Ich war zwar Fan seiner Musik, an ihm selbst hatte ich jedoch kein persönliches Interesse. Er kannte gefühlt Millionen von Leuten und ich dachte auch nicht, dass er mich überhaupt auf dem Schirm hatte. Außerdem hatte ich meine eigenen Musikerkreise und es gab einfach nicht genug Schnittstellen.

Auf einem weiteren Konzert sprach er mich dann überraschenderweise erneut an. Er fragte mich, ob ich ein bisschen arrogant sei. Schließlich würde ich ihn nie grüßen, wenn ich ihn sah. Und das doch, obwohl wir uns kannten. Das war ein so ungewohnter Gesprächsöffner, dass auch diese Begegnung hängen blieb. Ich hätte nie für möglich gehalten, dass er sich an mich überhaupt erinnern würde, geschweige denn, dass er von mir erwartet hätte, dass ich Kontakt zu ihm aufnehme. Seine außergewöhnliche Art fesselte mich von Anfang an. Im Prinzip hatte er mir schon mit diesem Satz gezeigt, dass er in seinen Beziehungen der Machtvolle, der Dominante war. Ab diesem Zeitpunkt unterhielten wir uns immer öfter auf Konzerten, wenn wir uns trafen und lernten uns so auch immer besser kennen, wurden sogar Freunde.

> Meine Freundin Dani schilderte ihr erstes Zusammentreffen mit ihm folgendermaßen: „Mich hat der Typ von Anfang an wirklich abgestoßen. Wieso glaubte er, dass er sich so ein arrogantes Verhalten erlauben durfte? Und wieso war meine Freundin Carlotta so bereitwillig die Schwächere in ihrem Zusammensein?"
> „Warum, Carlotta, wolltest du, dass jemand Macht über dich hat? Oder hast du deine Kompetenzen massiv überschätzt und konntest dir nicht eingestehen, dass du mit diesem „tollen" Typ nicht umgehen kannst? Hast du dich als Versagerin gesehen? Wolltest du ihm irgendwas beweisen?"

Für mich fühlte sich unsere Freundschaft gleichberechtigt an, wir begegneten uns auf Augenhöhe. Seine dominante Art in manchen Gesprächen glich er durch seine sehr sensible und feinfühlige Art in anderen Gesprächen nach meinem Verständnis aus. Er erzählte mir früh von seinen zerrütteten Familienverhältnissen und erweckte Mitleid und Mitgefühl. Ich hatte schon den Eindruck, dass es ihm guttat, wenn man ihn diesbezüglich ernst nahm und ihn vielleicht tröstete. Jedoch entwickelte sich aus meiner damaligen Sicht heraus kein Helfersyndrom. Ich wollte ihn nicht retten. Ich wollte als Freundin einfach nur für ihn da sein. Gleichberechtigt, so wie er auch für mich da war.

Er war ein außergewöhnliches, musikalisches Multitalent, was mich total faszinierte, da ich selbst auch schon ein Leben lang Musik machte. Er war selbstständig mit einer Kreativ-Werkstatt und bot alle möglichen Kurse im künstlerischen, zum Teil auch musikalischen Bereich an. Seine Klientel bestand aus Kindern, Jugendlichen und Erwachsenen. Er musste also auch im pädagogischen Bereich ein Talent besitzen. Zu der Zeit studierte ich Lehramt und natürlich fühlte ich mich auch dadurch sofort mit ihm verbunden. Hinzu kam, dass er Sportler war. Ich, selber auch schon immer sportaffin, war einfach angetan von all diesen Gemeinsamkeiten.

Ich hatte mitbekommen, dass er mit seiner damaligen Freundin einen Sohn bekommen und er in der Partnerschaft mit ihr auch schon die Verantwortung für ein weiteres Kind aus einer früheren Beziehung von ihr übernommen hatte. Obwohl ich erst Anfang 20 war, wusste ich schon damals, dass ich später eine Familie gründen, eigene Kinder haben wollte. Ein Mann, der bereit war, diese Verantwortung zu übernehmen, erschien mir damals als perfekter Partner und ich war schon ein wenig neidisch darauf, dass sich eine andere Frau diesen Mann „gekrallt" hatte.

Zu den ohnehin schon vielen faszinierenden Eigenschaften kamen noch sein Einfühlungsvermögen und seine Menschenkenntnis. Bei jedem Gespräch konnte er mich fast lesen wie ein Buch, er erkannte meine Gefühlslage, war besonders aufmerksam und je öfter wir uns trafen, desto tiefgründiger wurden unsere Gespräche. Ich hatte immer mehr das Gefühl, dass er mich in- und auswendig kannte und dass ich ihm wirklich alles anvertrauen konnte, ohne dafür verurteilt zu werden. Ich dachte tatsächlich, dass er ein Mensch sei, bei dem ich durch und durch ich selbst sein konnte. Diese Leichtigkeit im Zusammensein und dieses Vertrauen kannte ich nur von meiner Familie und so fühlte ich mich einfach sehr geborgen bei ihm. Und er war unglaublich lustig. Seine Sprüche, seine Spontanität stachen wirklich heraus. Ich liebte seinen Humor, wir konnten so viel lachen. Während dieser ganzen Zeit waren wir immer beide in Beziehungen, so dass sich nie etwas anderes ergeben konnte als eine immer tiefer werdende Freundschaft.

Regelmäßig verabredet haben wir uns nie, aber trotzdem zog mich immer etwas an. Wenn wir uns auf Konzerten trafen, waren seine Söhne oft mit von der Partie. Er nahm sie mit und band sie perfekt mit ins Geschehen ein. Er erklärte ihnen die Technik, ließ sie bei Soundchecks mitarbeiten, ließ sie Musik machen, achtete immer auf Gehörschutz und war einfach ganz bezaubernd lieb zu ihnen. Ich war begeistert davon, dass er sein Hobby so hingabevoll mit Familie vereinte. Er erzählte mir, dass seine Beziehung zu seiner damaligen Freundin und Mutter seines ersten Sohnes belastet war. Er vertraute mir viel darüber an und ich hatte ein Bild eines fleißigen, hart arbeitenden Mannes und liebevollen Vaters im Kopf, der in seiner unglücklichen Beziehung nicht gehört und sehr schlecht behandelt wurde. Er erzählte, wie er sich hingebungsvoll um die Familie kümmerte. Seine Freundin schien unter anderem Migränepatientin zu sein und konnte laut seiner Aussage oft nicht ausreichend für die Familie sorgen. Er berichtete von Wäschebergen, die er bewältigte, von Nächten, die er durchgemach hatte, als sein Sohn noch im Babyalter war und von allem, was zum Haushalt noch dazukam. Seiner Aussage nach bewältigte er alles alleine. Und natürlich ging er neben all dem noch in Vollzeit arbeiten. Er erzählte das so glaubwürdig, dass ich ein Bild von einem achtarmigen Mann im Kopf hatte, der alles in seinem Leben perfekt meistern konnte. In mir wuchs das Bild, dass seine Freundin im Gegenzug dazu überhaupt nicht belastbar und psychisch leider auch nicht ganz stabil war. Trotzdem sorgte er für alle und wollte – zumindest nach außen hin – seine Familie mit allem unterstützen. Und dazu kam, dass, nach seinen Erzählungen, ihn seine Freundin nicht voll zu schätzen wüsste. Egal was er alles täte, es sei ihr nie genug. Wo er doch alles tat, was in seiner Macht stand. Seine Vorstellungen von einem harmonischen Familienleben und einer liebevollen, mit allem Respekt behafteten Beziehung teilte ich in allen Belangen und war fast zornig darüber, dass seine Freundin nicht sehen konnte, was er für ein wunderbarer Mensch war.

In den folgenden Jahren hatten wir dann deutlich weniger Kontakt, denn mein damaliger Freund war wahnsinnig eifersüchtig. Als ich mich dann aber mit 25 Jahren aus dieser Beziehung löste, wollte ich am liebsten sofort wieder einen engen Kontakt zu meinem guten Freund, meinem jetzigen Ex-Mann, aufbauen. Ich erfuhr, dass er inzwischen auch getrennt und wieder zu seinen Eltern gezogen war. Er war jedoch schwer erreichbar. Er wimmelte mich am Telefon ab, er hätte gerade keine Zeit und würde zurückrufen. Er tat es aber nicht. Da ich schließlich anfing, mir Sorgen zu machen, gab ich nicht auf und meldete mich immer wieder bei ihm. Diese Unnahbarkeit zog mich nur noch mehr an. Ich war es gewohnt, dass mir Männer eher entgegenkamen als mich abzuweisen, deswegen machte mich sein Verhalten rasend. Und neugierig. Und er weckte eine Art „Jagdtrieb" in mir. Irgendwann rief er mich tatsächlich zurück und von da an versuchten wir, jede freie Minute miteinander zu verbringen.

Obwohl wir knappe 100 Kilometer voneinander entfernt wohnten – ich war übergangsweise bei Freunden eingezogen – besuchte er mich immer öfter. Schließlich kam es dann bei einem dieser Treffen zu unserem ersten Kuss. Und auch wenn dieser erste Kuss wirklich nicht perfekt war, redete ich mir die Gesamtsituation so schön, dass ich dachte, endlich, endlich angekommen zu sein.

> Meine Freundin Steffi beobachtete unsere Anfangszeit und beschreibt ihre Wahrnehmungen so: „Ich weiß noch, wie aufgeregt du mir von eurem ersten Kuss erzählt hast. Ich habe mich so unfassbar für dich gefreut. Du hast so gestrahlt. Gleichzeitig dachte ich mir, dass dieser Mann vorher so gar keine Rolle in deinen Erzählungen gespielt hatte und ich mich fragte, woher dieser plötzliche Enthusiasmus kam. Du warst so dermaßen auf Wolke Sieben, dass ich mich damals schon fragte, ob das alles echt sein konnte."

Ich war so unfassbar verliebt, konnte mein Glück nicht fassen, so einen Menschen an meiner Seite zu haben. Seine außergewöhnliche Tiefgründigkeit, seine überaus tolerante Art, seine offene Ader für alles und jeden hatten mich schier umgehauen. Ich bekam das Gefühl, dass er meine große Liebe sei. Er brachte mich zum Lachen, interessierte sich für mich, half mir einfach bei allem. Zwar mehr mit Worten als mit Taten, aber seine Tipps zum Leben im Allgemeinen überzeugten mich einfach. Er überschüttete mich mit Komplimenten, ohne dass ich jemals das Gefühl bekam, dass sie zu viel seien. Er selbst sagte mir ständig, dass er es nicht fassen konnte, so eine „fantastische Frau" an seiner Seite zu haben und welches Glück er mit mir hätte. Er hatte so schnell wie möglich alles daran gesetzt, uns unzertrennlich zu machen. In seiner Wahrnehmung trennten sich generell so viele Paare deshalb, weil sie nicht wirklich zueinander standen und eine Einheit bildeten. Wir wollten es besser machen als alle unsere Freunde und Bekannten, wir wollten das perfekte Team sein. Ihm war es wichtig, dass wir unserer Partnerschaft eine eigene Bezeichnung gaben, weil uns beiden von Anfang an klar war, dass wir so außergewöhnlich waren in unserem Zusammensein, dass dies eine eigene Bezeichnung verdiente. So wurden wir *DIE Beziehung*. Ihm war es von Anfang an wichtig, dass wir im Alltag aufeinander aufpassen würden, dass wir immer über alles sprechen, uns alles erzählen sollten, dass wir perfekt vertraut würden und nichts und niemand anderen bräuchten. Alleine mit dieser Entscheidung für mich, für uns, traf er einen solchen Nerv in meinen Bedürfnissen, dass ich mir vorkam, als würde ich schweben. Ich war nur bei ihm, er nur bei mir und so hörte ich auch auf, mit meinen Freundinnen und Freunden zu reden, wenn mich etwas bedrückte. Im Nachhinein kann ich sagen, dass ich nicht verstehen kann, wie er mir dieses Gefängnis aus emotionaler Abhängigkeit als Freiheit verkaufen konnte. Heute weiß ich, dass es nicht nur in Ordnung ist, auch mal Geheimnisse zu haben oder sich nicht alles zu erzählen, sondern absolut menschlich und damit auch nötig. Wie sonst soll man sich seine Individualität bewahren?

Auch die Beziehung zu seinem leiblichen Sohn war von Anfang an sehr stark. Ich lernte ihn als schüchternen, aber fröhlichen Jungen kennen. Wie ich schon vorher sehen konnte, war die Beziehung zwischen den beiden sehr innig und mein Ex-Mann betonte auch immer wieder die außergewöhnliche Verbundenheit zu seinem Sohn. Er stellte mir die Aufgaben eines Vaters als so kraftvoll und gewinnbringend dar, dass ich auch in diesem Bereich völlig fasziniert von ihm war. Und er ließ mich immer mehr und mehr Teil „seiner" Familie werden, ich durfte mich auch um seine Jungs kümmern, ihnen beispielsweise mal das Essen kochen. Das erschien mir als so kleine Aufgabe, die ich diesem Mann abnehmen konnte und es stand im Kontrast zu den vielen anderen Dingen, für die er die Verantwortung übernehmen musste. Ich fühlte mich umso mehr mit ihm verbunden, weil ich einen Teil seines Alltags abnehmen und erleichtern konnte.

> Dani: „Das ist verrückt. Ich habe seinen Sohn damals als apathischen Jungen kennengelernt, der die ganze Zeit zockt und dessen Vater sich nicht kümmert. Ich habe ihn auch nur selten gesehen. Du hast mir auch ganz früh in eurer Beziehung erzählt, dass er mit seinen Kindern nicht umgehen könne, Ihnen nicht mal Essen machen würde. Deshalb hattest du das schon ganz früh übernommen. So unterschiedlich ist der Umgang mit dem Offensichtlichen!"

Im Besonderen gefiel mir seine sexuelle Offenheit und auch die Qualität unseres Sexlebens. Er gab mir das Gefühl, die weibliche Sexualität und vor allem meine Bedürfnisse ernst zu nehmen, sich wirklich dafür zu interessieren und diese Wünsche auch umzusetzen. Mit meinen 26 Jahren war mir bis dahin gar nicht bewusst, dass es jemand verstand, so mit Worten und mit mir umzugehen, mir seine Ideen als unsere zu verkaufen und mich ganz fest an ihn zu binden. Er betonte immer wieder, alle meine Wünsche erfüllen zu wollen. Ich konnte, ich sollte meinen Fantasien freien Lauf lassen. Dabei entging mir, dass meine Fantasien gar nicht so groß waren, durch sein Zureden aber immer größer gemacht wurden. Es sei wichtig, dass ich alles ausleben dürfe, was ich mir so vorstellte und wir so noch näher zusammenrücken würden, da uns dadurch in der Beziehung nichts und nie etwas fehlen würde. Damit würde ich schließlich auch seine Fantasien erfüllen.

Sein Einfühlungsvermögen, was mein Gefühlsleben betraf, seine Offenheit und seine Hingabe an uns haben mich so dermaßen verzaubert, ich hatte niemals zuvor eine intensiver rosa gefärbte Brille auf als damals. Ich war so geflasht, so verträumt, so verliebt, so naiv. Ich habe nicht gemerkt, dass meine Brille nicht einfach nur rosa gefärbt war. Dass sie völlig blickdicht war, erkannte ich erst, als unsere Ehe schon lange beendet und alles Menschliche aus seinem Charakter gewichen war.

Die ganze Anfangszeit war so euphorisierend und auch jetzt erinnere ich mich an die Zeit und weiß noch genau, dass ich alles fast wie im Rausch erlebte. Dennoch dachte ich schon damals, dass diese ganze Anfangszeit nur ein Weg war hin zu einem gemeinsamen, aber gewöhnlichen, ganz normalen Alltag. Dass wir uns vollends definieren wollten, um anschließend das perfekte gemeinsame Leben zu führen. Aber in diesem Leben kamen wir niemals wirklich an. Nach der Euphorie kam zwar Alltag, aber meine Rolle war eine andere, als er mir damals versprochen hatte.

Ich zelebrierte unsere Individualität, kam mir einzigartig vor und fühlte mich so besonders, dass ich regelrecht abhob, nichts mehr in Frage stellte. Dass unsere Beziehung und die Entstehungszeit nicht nur nicht einzigartig waren, sondern der Ablauf regelrecht einem Schema folgte, erkannte ich erst nach der Trennung, als ich mich auf die Suche nach den Ursprüngen und Ursachen unseres Verhaltens machte. Auch wenn er bis heute fälschlicherweise abstreitet, die Diagnose der Borderline-Persönlichkeitsstörung erhalten zu haben – diese wurde jedoch in einem therapeutischen Gespräch sogar protokollarisch festgehalten – zählt sie jedoch zu den vielen psychischen Störungen, mit denen er sich beschäftigen sollte. Denn dieses schematische Vorgehen in unserer Anfangszeit, das Abhängigmachen des Partners, sind klare Bestandteile dieser Persönlichkeitsstörung. Alles war immer nur extrem. Wir waren extrem euphorisch, extrem aufeinander fokussiert, extrem in unserer Abgrenzung zu anderen Menschen. Fast so, als ob es darüber hinaus keine Wirklichkeit mehr gab. Wie Schwarz und Weiß ohne Graustufen dazwischen. Oder gleich ganz ohne jede weitere Farbe. Ich fand in unzähligen Artikeln und Büchern zur Borderline-Persönlichkeitsstörung die Beschreibung dieser Phase des ersten Verliebtseins fast erschreckend detailgetreu wieder. Susanna Pavic, eine psychologische Beraterin mit Schwerpunkt Borderline, beschrieb im Mai 2017 diese erste Verliebtheitsphase in einem Interview zum Thema Co-Abhängigkeit folgendermaßen:

„Der Anfang einer solchen Beziehung ist meistens sehr intensiv. Ein Borderliner fühlt sehr starke Emotionen und fokussiert diese auf den Partner, indem er den Partner idealisiert. Dieser wiederum fühlt sich in so einer Verbindung anfänglich wie im **„siebten Himmel"**, weil er – womöglich erstmals in seinem Leben – das Gefühl erhält, absolut bedingungslos so angenommen zu werden, wie er wirklich ist. So empfindet er eine Art der perfekten Verbindung, die oftmals durch leidenschaftlichen, intensiven und in seiner Tiefe noch nicht erlebten Sex gefestigt wird. So entsteht eine intensive Bindung auf einer tieferen Ebene."[2]

Im weiteren Verlauf des Interviews spricht Frau Pavic von dem Bedürfnis nach dem Erreichen einer perfekten Symbiose. Mir verschlug es fast die Sprache; es waren exakt die Worte, die er damals für uns beide benutzte. Er hatte es von Anfang an verstanden, unsere Beziehung so zu idealisieren, dass ein kleiner Knacks, ein Hinterfragen in egal welche Richtung sich sofort nach Verrat anfühlte. Und so legte er den ersten Grundstein für die perfekte Co-Abhängigkeitsbeziehung.

## Kapitel 3 – Erste Risse, die keine Risse sein durften

Nach gut einem Jahr der Beziehung – mit 26 – zog ich zu ihm. Er wohnte ja zu dem Zeitpunkt wieder bei seinen Eltern, in seinem alten Jugendzimmer und damit gar nicht so weit entfernt von meinem Elternhaus und meinen alten Freunden. Erst als ich offiziell ein Teil seines Lebens werden sollte, renovierten wir den Keller und zogen dann dort ein. Auch wenn das Verhältnis zwischen ihm und seinen Eltern tief zerrüttet war, sah ich doch die Vorteile, die es mit sich brachte, dort einzuziehen.

**Er hatte mir seine Eltern als Tyrannen beschrieben, die ihm schon sein ganzes Leben lang nur negative Gefühle entgegenbrachten. „Sie hassen mich", war eine der Aussagen. Wie konnte er mir verkaufen, dass ein Einzug in deren Haus das Nonplusultra war?**

Nach der Ausbildung musste ich mich zunächst arbeitssuchend melden, denn ich zog ja von meiner Studenten- und Ausbildungsstadt zu ihm und damit auch wieder zurück in meine alte Heimat. Er betonte die Vorteile, die sich für uns ergeben würden. Wir hätten nur wenig Miete, es gäbe einen großen Garten, den wir benutzen könnten. Außerdem seien seine Eltern auch schon zum Teil pflegebedürftig und bräuchten ihn. Seine bisherigen Schilderungen seiner tyrannischen Eltern tat ich als völlig übertrieben ab. So, wie ich aufgewachsen war, konnte ich mir einfach nicht vorstellen, dass Eltern so sein können. Die Tatsache, dass er trotz seines schwierigen Verhältnisses zu ihnen dennoch die Pflege übernehmen wollte, bestärkte mich in meinem Bild von ihm als fürsorglichem und verantwortungsbewusstem Mann. So fiel es mir sehr leicht, unser gemeinsames Leben in einer gemeinsamen Wohnung als Traum wahrzunehmen, der endlich in Erfüllung ging.

Das Grundstück war tatsächlich riesig, es gab große Wiesen und ich konnte nicht nur mein eigenes Pferd auf dem Grundstück unterbringen, sondern mir sogar noch ein zweites Pony dazustellen. Auch hier zeigte er mir, dass er mich in meinen Wünschen nicht nur akzeptierte, sondern diese auch mit mir zusammen tragen wollte. Obwohl er mit den Tieren nicht viel anfangen konnte, übernahm er sogar hin und wieder mal einen Dienst und half mir grundsätzlich mit der Pflege. Alles schien perfekt, wir zauberten uns unsere eigene kleine Welt. Schon ein halbes Jahr später holten wir seinen leiblichen Sohn zu uns. So, wie er es mir erzählt hatte, war die Mutter des Jungen ohnehin nicht dazu in der Lage, sich vernünftig um den damals Sechsjährigen zu kümmern. Ich freute mich sehr, schließlich hatte ich den Jungen von Anfang an lieb und wollte ja ohnehin mit diesem Mann eine Familie gründen. Mir war klar, dass er eine Vergangenheit hatte, und ich war bereit, ihn mit all seinen Höhen und Tiefen zu lieben. Diese erste Zeit war für mich der Blick in die Zukunft zu unserer eigenen kleinen Familie, mit unseren eigenen Kindern. Ich war selig und lebte in einer Blase des Glücks. Später, lange nachdem wir zwei weitere, eigene Kinder bekommen hatten, warf mir mein Ex-Mann vor, dass der Zuzug seines Sohnes aus der vorherigen Beziehung zu einem so frühen Zeitpunkt unsere eigene Beziehung negativ beeinflusst hätte. Er sei natürlich dankbar gewesen, dennoch hätte die fehlende Zweisamkeit gerade zu Beginn der Beziehung unseren Alltag negativ beeinflusst. Wenn ich mir das heute genau durch den Kopf gehen lasse, bin ich nach wie vor erschüttert. Die Anwesenheit seines eigenen Kindes war seiner Auffassung nach verantwortlich für den Anfang des Scheiterns unserer Beziehung.

> Dani: „Hast du dich eigentlich einmal gefragt, wie es für die leibliche Mutter war? Du hast mir immer nur erzählt, dass sie überfordert sei und dass ihr zu dritt jetzt

> wie eine glückliche kleine Familie wärt. Aber hast du dich jemals wirklich mit ihr hingesetzt und dir ihre Geschichte angehört?"

Die Antwort darauf ist ganz einfach: nein! Für mich stellte sich die Frage auch gar nicht. Warum hätte ich an den Worten meines Ex-Mannes zweifeln sollen? Die Belege waren ja so offensichtlich und seine Geschichten über sie so glaubwürdig. Ich kann jedoch sagen, dass mein Stiefsohn die ganze Zeit über bis heute regelmäßig Kontakt zu seiner Mutter hatte und hat. Eingefärbt durch die Schilderungen meines Ex-Manns war dieser natürlich damals belastet und ich sah mich immer und immer wieder bestärkt darin, dass es die richtige Entscheidung gewesen war, ihn von seiner leiblichen Mutter zu trennen. Heute ist der Kontakt zwischen meinem Stiefsohn und ihr sehr gut, sie haben wieder Vertrauen gefasst und arbeiten ihre Zeit auf. Vor ein paar Monaten habe ich ebenfalls Kontakt zu ihr aufgenommen und bei ihr um Entschuldigung gebeten. Sie rechnete mir diese Entschuldigung hoch an und zeigte mir mit ihrer Antwort, dass sie eindeutig auch eines seiner Opfer war und dass viele Meinungen, die ich über sie hatte, schlichtweg falsch waren.

Wenn ich zurückblicke, muss ich mir eingestehen, dass diese Blase aus Glück schon damals Risse hatte. Denn die ersten Probleme oder Alarmzeichen tauchten bereits auf, noch bevor wir zusammenwohnten. Mein Ex-Mann wurde zu schnell emotional und aufbrausend. Ich dachte mir nichts dabei. Aber normaler Alltagsstress wurde als unüberwindbares Hindernis dargestellt. Damit meine ich Standardsituationen, die für den Otto-Normal-Menschen zwar auch stressig sind, aber einfach als solche abgetan und überwunden werden. Für mich war klar, dass man einen Umgang mit solchen Problemen finden und weitermachen müsste. Bei ihm war das anders. Beispielsweise kam es immer mal wieder vor, dass ein oder zwei Klient:innen seiner Kreativwerkstatt fast zeitgleich die Kurse kündigten – bei einer so hohen Anzahl an Klient:innen ist das ganz normal. Und obwohl er eine Warteliste hatte und ohne Probleme die frei gewordenen Plätze füllen konnte, lösten diese Situationen schwere Existenzängste aus. Mich ließ er in solchen Momenten nur wenig an sich heran, ich durfte ihn nicht trösten, war ich doch nicht dazu in der Lage, ihn zu verstehen und nachzuvollziehen, wie es einem Selbstständigen ging. Er könne diese Situation nur alleine bewältigen und wirklich verstehen. Dass er damit unsere Einheit in Frage stellte, tat ich als Momentaufnahme ab. Doch dieses Urteil gegen mich löste sich nie. Auch später, als wir bereits verheiratet waren und eigene Kinder hatten, gab es Situationen, die er dafür nutzte, sich nicht nur von mir zu distanzieren, sondern mein „Unvermögen an Einfühlung" als Vorwurf zu verpacken und mich damit immer mehr und mehr aufzuziehen oder gar zu beleidigen.

Ganz konkret fällt mir noch folgendes Beispiel aus der damaligen Zeit ein: Wenn mehrere Rechnungen auf einmal kamen – eine oder zwei davon unerwartet, vielleicht auch eine höhere – resultierte für ihn daraus gleich eine drohende Verarmung. Seine besorgniserregenden Verlustängste zeigten sich immer lauter – schließlich war er der Brötchenverdiener der Familie und meine geringere finanzielle Mithilfe trug nicht zur Lösung bei. Neben der Tatsache, dass er meine Rolle in unserer Ehe in solchen Momenten kleinredete, regte mich vor allem auf, dass er diese Ängste auch lautstark äußerte, anfangs nur vor mir, später auch vor den Kindern. Er redete sich manchmal regelrecht in Rage; dass wir alles verlieren würden, dass alles aufgegeben werden müsste und wir alle ohne Dach über dem Kopf weitermachen müssten. Ich versuchte immer, zu beschwichtigen, die Lage wieder mehr in die Realität zu rücken. Doch er wurde nicht müde zu betonen, dass die Situation ausschließlich dank SEINES Arbeitseinsatzes gelöst werden könnte. Er malte ein Bild davon, dass er unersetzbar sei. Und seine Familie musste das sehen und anerkennen! Und auch, wenn mich die aufbrausende Art mehr und mehr irritierte, glaubte ich ihm. Er war fest davon überzeugt, dass unser Leben finanziell den Bach runtergehen würde, würde er sich nicht aufopferungsvoll um unsere Finanzen und unser Zuhause kümmern.

Diese Situationen kamen oft; er war von etwas gestresst, völlig überfordert, ich versuchte zu helfen. Es gelang mir immer seltener. Diese Angstzustände bekamen eine neue Qualität, die immer lauter zelebriert wurden, als er anfing, unserer Familie anzudrohen, sich umzubringen[3]. „Am besten ist es, wenn ich mich umbringe! Dann seid ihr mich los, ich bin für euch alle eh immer nur eine Belastung." Anschließend sank er zusammen und saß wie ein Häufchen Elend vor mir. Obwohl ich in seinen Augen keine Ahnung hätte, völlig naiv sei, ihn unter keinen Umständen verstehen würde, wurde es meine Aufgabe, ihn dann aufzubauen und ihm zu vermitteln, dass er gebraucht würde und dass wir auf ihn nicht verzichten wollten oder könnten. Eine Reaktion oder ein Auf-mich-zukommen gab es nicht. Auch kein Lob oder Dank. Ich war mit der Bewältigung dieser Szenen immer alleine.

Im Laufe unseres Zusammenseins erfuhr ich immer mehr Details von seiner grauenhaften Kindheit; ohne Liebe, ohne Zuwendung. Die Eltern lebten mit im Haus und die menschenverachtenden Situationen überlagerten das Leben dort so dermaßen, dass ich tatsächlich selbst nach nur wenigen Monaten dort anfing, sie auch zu verabscheuen. Er berichtete mir eindrucksvoll, dass er sich schon als Kind alles alleine hatte erarbeiten müssen. In mir verstärkte sich das Bild, dass ihm als Mensch sein Leben lang Unrecht angetan wurde. Ich wollte ihm das ab jetzt einfach alles abnehmen, ihm ein Gefühl von Sicherheit geben, das er nie erleben durfte. Es tat mir so leid, dass er so viel mit-

---

3 Das Risiko für Suizidalität ist bei Menschen mit einer Borderline-Störung deutlich erhöht. Das liegt zum einen an der Persönlichkeitsstörung selbst, aber auch an zusätzlichen depressiven Verstimmungen, unter denen Betroffene immer wieder leiden.

gemacht hatte. Immer mehr belastete das Zusammenleben mit seinen tyrannischen Eltern auch unsere Beziehung und sollte bis weit in unsere Ehe hinein mit enormen zusätzlichen Belastungen, Aufgaben und emotionalen Ausbrüchen meines Ex-Manns für mich das Leben immer öfter zur Hölle machen. Immer wieder musste ich erleben, dass seine Wut und sein Zorn über etwas, was seine Mutter oder sein Vater ihm gesagt hatten, Einzug in unseren Alltag fand. Alles, was er am Haus oder im Garten für seine Eltern erledigte, war nie gut genug. Er wurde permanent damit konfrontiert, dass er unzulänglich sei, dass er nichts Handwerkliches gelernt hatte, kein Mann sei. Dass er eine gut laufende Kreativwerkstatt quasi als Autodidakt betrieb, wurde von den Eltern als Versagen abgetan. Besonders in der Anfangszeit konnte ich nicht anders, als Mitleid mit ihm zu haben. Und so lernte ich auch, seine Wutausbrüche und sein zunehmend aggressives Verhalten zu tolerieren, sogar als Teil seines Umgangs mit diesem Elternhaus zu akzeptieren und gutzuheißen. Ich habe eisern an *DER Beziehung* festgehalten. Auch wenn ich in den ersten Monaten unseres Zusammenlebens bereits deutliche Anzeichen seiner mentalen Krankheit spürte, war dieser Prozess gleichzeitig so schleichend und ich war so ungeübt darin, seine Ausbrecher als Bedrohung gegen mich wahrzunehmen. Ich blieb an seiner Seite. Ich wusste einfach, er war der Mann, mit dem ich alt werden würde. Mit dem ich alles durchstehen würde.

**Wusste ICH das? Wusste ER das? Oder hat er es mich glauben lassen?**

Diese Frage kann ich auch aus der heutigen Sicht nicht klar beantworten. Es war fast so, als gäbe es trotz vieler Unsicherheiten von Beginn unserer Beziehung an dieses eine Wissen, das unumstößlich war. Ich hatte einfach diesen überdominanten Gedanken in mir. Es war, als ob ich ernsthaft wusste, dass ich absolut eindeutig mit diesem Mann alt werden und wir schon alles irgendwie schaffen würden. Kein Zweifel! Ob die Bilder, die er mit mir zusammen über unsere Zukunft zeichnete, eine Rolle dabei spielten, kann ich einfach nicht abschließend sagen. Er konnte mich fast alles glauben lassen. Ich weiß noch, dass ich sogar dachte, dass ich mir für ihn beide Hände abhacken würde. Und ich meine das genau so wörtlich und scheinbar übertrieben, wie ich es jetzt aufschreibe. Er hatte als Kind so ein trauriges Leben gehabt. Er hatte als Vater so gekämpft für seine Söhne, für seine Familie. Und seine Ex-Freundin hatte das alles nicht zu schätzen gewusst. Ich wollte besser sein als all diese Enttäuschungen. Ich wollte allen beweisen, wie toll und liebenswert er war. Ich dachte, er sei alles wert. Nun, meine Hände sind mir zum Glück geblieben, leider aber haben jedoch meine Kinder und ich schwer mit zerbrochenen Herzen und Seelen zu kämpfen.

Neben den Angstzuständen meines Ex-Manns zeigten sich auch andere Verhaltensweisen, die ich in der Anfangszeit unserer Beziehung zwar wahrnahm, jedoch mit Blick auf unsere Einheit (noch) nicht als problematisch empfand. Dennoch spielten emotionale Erpressungen immer öfter eine Rolle und mein Umgang mit ihnen sollte für meinen Ex-Mann unsere Beziehung genauer ausdefinieren. Zum Beispiel war er angeblich nicht eifersüchtig. In unseren Gesprächen betonte er überlaut, dass er Eifersucht für ein überflüssiges Gefühl hielt. Entweder man vertraute sich oder die Beziehung hätte ohnehin keinen Wert. Und dennoch tolerierte er immer weniger den freien Umgang mit anderen Menschen, wenn dieser Umgang unsere Beziehung berührte. Wann immer ich unterwegs war, schrieb ich fast im 15-Minuten-Takt, wo ich war, was ich tat und wer bei mir war. Und ich tat das freiwillig. Für mich zeigte sich in diesem Verhalten meine starke Verbundenheit mit diesem Mann. Aus heutiger Perspektive scheint mir dieser Kontrollzwang so offensichtlich, dass ich kaum nachvollziehen kann, wie ich damals so bereitwillig all das als Zeichen unserer Liebe interpretierte. Alle meine Energie sollten in unser gemeinsames, gerade beginnendes Leben fließen und nicht in das Leben anderer Menschen. So stellte er mir zum Beispiel auch immer wieder die Frage, wen ich mehr liebte; ihn oder meinen Bruder. Für mich hinkte dieser Vergleich, eine Wahl konnte ich nicht treffen, aber er akzeptierte diese Antwort nicht. Stellte ich mich in Konfliktsituationen auf die Seite meines Bruders, kam es in unserer Beziehung zu immer aggressiveren Ausbrüchen von Beleidigungen diesem gegenüber. Schließlich gab mein Bruder einfach auf, in Konflikt mit ihm zu treten. Er hatte zu große Angst, seine Schwester dauerhaft zu verlieren, und ließ mich mehr und mehr in Ruhe. Unsere Beziehung blieb bestehen, aber wir verbrachten deutlich weniger Zeit miteinander und wenn, dann meistens ohne meinen Ex-Mann. Mittlerweile ist der Bezug zu meinem Bruder und auch zum Rest meiner Familie wieder sehr stark, ich konnte mich ihm anvertrauen und mich mit ihm über weite Bereiche meiner Ehe austauschen. Allerdings begann unser neuer Kontakt erst, als ich mich mehr und mehr von meinem Ex-Mann löste.

Auch wurde meine so intakte Familie immer mehr ein Dorn im Auge meines Ex-Mannes. Was bei meinem Bruder damals erreicht wurde, sollte sich auch auf den Rest meiner Familie übertragen. Am liebsten war es ihm, wenn der Kontakt so gering wie möglich war. Er wurde regelrecht sauer, wenn ich mal bei meiner Mutter aushelfen sollte oder für Freunde Zeit aufwand, weil sie meine Hilfe brauchten. Ich erinnere mich an eine der ersten Situationen, in der ich sogar meine Familie anlügen musste: Wir hatten uns einen VW-Bus gekauft und meine Tante fragte mich, ob wir mit diesem einen kleinen Holzofen abholen könnten, den sie ersteigert hatte. Selbstverständlich sagte ich zu und erklärte mich bereit, den Ofen am darauffolgenden Wochenende mit ihr zu holen. Fast nur nebenbei erzählte ich meinem Ex-Mann noch am gleichen Abend, zu was ich zugesagt hatte. Schließlich war dieses Vorgehen für mich bis dahin absolut selbstverständlich. Doch er überraschte mich mit einer völlig unerwarteten Reaktion. Er würde den Bus nicht einfach jemandem geben, dieser Bus gehörte uns. Und nur UNS. Auch wenn ich völlig perplex war wegen seiner heftigen Ablehnung, waren die Gründe plausibel, die er mir anschließend nannte. Schließlich hätten wir den Ärger, wenn etwas mit dem Auto passieren würde. Und selbst bei aller Versicherung, dass meine Tante pfleglich mit dem Auto umgehen würde, stellte er heraus, dass am Ende aber wir auf ein Auto verzichten müssten, wenn es kaputt ginge. Außerdem sei er schon so oft so gutmütig gewesen und wäre immer enttäuscht worden. Er sagte mir, dass wir niemanden brauchten, um unser Leben zu meistern, und dass auch kein anderer Mensch uns brauchen sollte. Ich war nicht damit einverstanden, wie er die Situation lösen wollte. Weil ich aber keinen weiteren Streit provozieren wollte, log ich meine Tante tatsächlich an und erzählte ihr, dass der Bus kaputt sei und sie ihn nicht haben könnte. Ich spürte kleine Stiche, seine Einstellung gefiel mir nicht. Für mich war es bis zu dem Zeitpunkt völlig klar, dass ich meinen Freund:innen oder meiner Familie half. Aber ich stellte seine Bedürfnisse über meine. Ich war davon überzeugt, dass ich ihm langsam erklären, ihm langsam zeigen müsste, dass es auch Menschen gab, denen er vertrauen konnte. Ich fühlte mich verantwortlich dafür, seine Ängste und sein Misstrauen zu heilen. Schließlich war das doch meine Aufgabe. Und so wurde es fast zu einer festen Gewohnheit, meine Familie und Freunde anzulügen, wenn er nicht damit einverstanden war, welche Absprachen ich alleine getroffen hatte. Dieser Kontrollzwang nervte mich zwar zunehmend, aber er war für mich auch Ausdruck dafür, dass unsere Beziehung über allem und vor allem ich zu ihm stand. Exklusiv – ohne den Einfluss irgendeines anderen Menschen.

Ein anderes, besonders einschneidendes Erlebnis geschah sogar schon, bevor ich zu ihm gezogen war. Wir hatten, wie immer mal wieder, zusammen Musik gehört und ein bisschen Alkohol getrunken. Wir hatten tatsächlich sehr viel Spaß, lachten miteinander, feierten. In der Nacht schliefen wir dann irgendwann ein. Ich erwachte von einem dumpfen, nachhallenden Schmerz in meiner Bauchregion. Instinktiv wusste ich, dass dieser Schmerz von einem Faustschlag kam. Aus heiterem Himmel und mitten im Schlaf hatte er mir in den Bauch geboxt. Nicht allzu fest, aber definitiv sehr unangenehm. Er tat es als Ausrutscher ab, als Albtraum, aus dem er selber völlig erschrocken aufgewacht war.

**Und deshalb war es dann ok für mich? Wie hatte er sich erklärt und wie konnte ich das als „Ausrutscher" abtun? Und hieß Ausrutscher nicht auch, dass es nochmal passieren könnte?**

Ich war ja selbst im Halbschlaf und schreckte zwar hoch, aber glaubte an seinen Albtraum und irgendwie war das ok für mich. So nach dem Motto: „kann ja mal passieren". Ich hatte keine Erfahrung mit solchen Situationen. Ich war das erste Mal in meinem Leben mit körperlicher Gewalt konfrontiert. Mit der Situation ging es ihm, zumindest augenscheinlich, so schlecht, dass ich das Gefühl bekam, dass es ihm insgesamt schlechter ging als mir. Und bereits mit dieser Aussage legte er den Samen dafür, dass ich auch in späteren Situationen immer wieder glaubte, dass es ihm schlechter ginge als mir und ich ihm verzieh.
Ich wusste, dass er zwei Narben im Bauchbereich hatte. Er hatte mir erzählt, dass er irgendwann einmal in seiner Jugend mit seinem Mofa in einen Zaun gerauscht sei und dort die Narben davongetragen habe. Für mich war das eine plausible Erklärung dafür, dass er einen Albtraum hätte haben können, in dem es um Verletzungen im Bauchbereich ging. Schließlich hatte er ja selber eine traumatische Erfahrung gemacht und könnte sich eine solche nicht auch als Albtraum erneut zeigen? Der Faustschlag schien mir Ausdruck dieses Albtraums zu sein und ich lag dabei einfach nur an der falschen Stelle im Bett. Schon wieder hatte ich deswegen tiefes Mitleid mit ihm, war er doch erneut Opfer seiner Vorerfahrungen. Einen Schlag in den Bauch konnte ich doch locker schlucken, wenn er schon so viel mehr hatte aushalten müssen.

Zu meinem Alltag gehörten auch ganz skurrile Situationen, die mir aus heutiger Sicht eine Gänsehaut bereiten. Ein paar Monate nach dem Vorfall mit dem Schlag in meinen Bauch – ich war bereits zu ihm gezogen – kam er auf mich zu und erzählte mir von seinen sexuellen Vorlieben in vorigen Beziehungen. So hätte es ihn sehr angemacht, mit Messern auf dem Frauenkörper zu spielen, so zu tun, als würde er Verletzungen zufügen. Mir machte diese Vorstellung nicht mal Angst, denn für mich war ja klar, dass er niemals wirklich jemanden verletzen könnte. Er stellte mehr sich selbst als mir die Frage, ob er wohl noch immer darauf abfahren würde, und so schlug ich ihm vor, das bei mir auszuprobieren. Daraufhin holte er ein Messer aus der Küche, strich mit der Klinge über meinen Bauch und tat so, als würde er zustechen. Die Situation endete mit seiner Einschätzung, dass ihn das nicht mehr sonderlich anmachen würde, und so war diese Fantasie für mich abgehakt. Dass es einen Zusammenhang zwischen dem Faustschlag in meinen Bauch und dieser Situation gab, wurde mir noch nicht mal bewusst, als er mir noch einige Zeit später gestand, dass die beiden Narben auf seinem Bauch keineswegs von einem Mofa-Unfall kamen, sondern vielmehr selbst zugefügt waren. Aus Zorn auf seine Mutter hatte er im Jugendalter ein Messer genommen, sich auf ihr Bett gesetzt und sich in den Bauch geschnitten. Die Wunden verheilten ohne das Wissen der Eltern – sie hätten sich ohnehin nicht um ihn gekümmert.

> Dani: „Wie konntest du denn Verständnis dafür aufbringen, dass er dich im Zusammenhang mit den Wunden auf seinem Bauch einfach angelogen hatte, wenn ihr euch doch von Anfang an versprochen hattet, immer ehrlich zueinander zu sein? Und wie schlimm er Lügen immer fand, Carlotta! Lügen waren für ihn das absolute No-Go! Der war völlig kaputt und du hast noch immer alles abgenickt. Die erste körperliche Gewalt fing schon an und für dich war das unterm Strich der Beweis für seine Liebe zu dir."

Er schilderte mir eindrucksvoll, dass er sich wahnsinnig geschämt habe, mir den wahren Grund für die Narben zu erklären. Deshalb habe er die Geschichte mit dem Mofa-Unfall erfunden. Erst als er sich völlig sicher in unserer Beziehung gefühlt hatte, sei er bereit gewesen, mir die wahren Hintergründe zu erzählen. Für mich fühlte sich das fast wie ein Kompliment an und ein weiteres Mal hatte ich unfassbares Mitleid mit ihm. Dass ein junger Mann sich so in die Ecke gedrängt fühlte, dass er sich lieber selbst verletzte, machte mich fassungslos und ich wollte ihm einmal mehr zeigen, dass er sich mit mir endlich wohlfühlen durfte und keine Angst mehr haben müsste. Seine Obsession mit Frauenbäuchen aber sollte mich noch oft beschäftigen.

> Steffi: „Als ich dieses Kapitel gelesen habe, war ich regelrecht entsetzt. Wie kann man so viele Alarmsignale aufzählen und diese als Liebesbeweise ausdeuten?"

Was soll ich sagen? Ich hatte eine rosarote Brille auf, ich war gefangen in einem Übergefühl von Zusammengehörigkeit. Ich war regelrecht besessen von dem Gedanken, dass mein Ex-Mann nun endlich Liebe erfahren würde. Und ich war diejenige, die das alles aushalten müsste, um ihn lieben zu dürfen.

## Kapitel 4 – Spaß am Sex; Fragezeichen!

Wie schon erwähnt, war er sexuell sehr, sehr offen und wir experimentierten viel. Spielte sich unser Sexleben anfangs vor allem im Schlafzimmer und den eigenen vier Wänden ab, fing er irgendwann an, mich immer intensiver nach meinen Fantasien zu fragen. Ohne, dass ich meinen Ideen automatisch Taten folgen lassen wollte, erzählte ich ihm davon, dass ich den Gedanken ganz reizvoll fand, mich auch mal von zwei Männern gleichzeitig verwöhnen zu lassen. Vor allem aber ging es mir um Spontanität. Wenn irgendetwas passieren sollte, dann, aus einer Partylaune heraus mal zu dritt Sex zu haben. Ungeplant und spontan. Bei weiteren Fragen nach meinen intimsten Vorstellungen erzählte ich ihm auch, dass ich auch an solche Szenen dachte, wenn ich mich selbst befriedigte. Aber auch hierbei blieb es in meinem Kopf vor allem bei einer Fantasie und es sollte keine aktive Umsetzung stattfinden. Ich wollte von mir alleine aus nie mehr. Er drehte sich aus meinen Erzählungen aber seine ganz eigene Wahrnehmung und forderte schließlich auch die Umsetzung. Er wollte MEINE Fantasie erfüllen und mir den Weg ebnen, dass ich mit ihm und noch einem Mann zu dritt Sex haben sollte. Ihn würde das auch anmachen. Er war so überzeugend, ließ das Thema nicht los und machte es zum Bestandteil, zur Voraussetzung für unsere intakte Beziehung. Und so ließ ich mich nach und nach darauf ein, mich sexuell freier fühlen zu dürfen. Auf einer Silvesterparty knutschte und fummelte ich ein wenig mit einem seiner Freunde rum, nicht ohne mich vorher nochmal abzusichern, dass das Vorgehen wirklich in Ordnung war. Mein Ex-Mann hatte nichts dagegen, unterstützte mich sogar, irgendwie hatte er das Ganze sogar angezettelt. Ich war außerdem auch ziemlich betrunken und maß dem Ganzen keine wirkliche Bedeutung bei. Für mich war die ganze Situation am nächsten Morgen erledigt.

In den kommenden Monaten war die Erfüllung meiner, beziehungsweise seiner sexuellen Fantasien nicht wirklich Thema in unserer Ehe, ich wurde schließlich schwanger und er ließ mich diesbezüglich in Ruhe. Nach der Geburt unseres ersten Sohnes fing das Thema der sexuellen Auslebung meiner Fantasien dann plötzlich wieder an, eine immer größere Rolle zu spielen. Er stellte mich als so tolle und offene Frau dar, die es verdient hätte, sich sexuell noch freier zu fühlen und wirklich alles ausleben zu dürfen. In mir stecke so viel, sagte er. Und dass mich das Ausleben frei und glücklich machen würde. Er wollte dem auf keinen Fall im Wege stehen. Seiner Meinung nach würden wir noch mehr zusammenwachsen, je freier wir uns in unserer Auslebung fühlten. In seiner verdrehten Wahrnehmung fühlte er sich noch enger mit mir verbunden, wenn ich mit anderen Männern Sex hätte. Schließlich würde er es mir ja erlauben, er würde mich freigeben und dadurch wäre er derjenige, der mir zu meiner Befriedigung verhelfe. Weiterhin würde er sexuell auch davon angetan sein, mich mit anderen Männern zu beobachten. All das sei eine Win-Win-Situation. Immer und immer wieder lenkte er die Gespräche darauf, wie mein Sexleben „umgestaltet" werden könnte. Er war sogar regelrecht beleidigt, dass dieses Thema für mich eine nicht so große Rolle zu spielen schien, denn ich regte diese Gespräche nie an. Er verstand es geschickt, immer wieder und wieder meine Fantasien in den Vordergrund zu rücken. ICH wäre doch diejenige, die sich Sex mit anderen Männern wünschte, ICH wäre diejenige, die mit zwei Männern gleichzeitig im Bett sein wollte. Auch wenn ich meine Fantasien nie bis in die Umsetzung hinein gedacht hatte, glaubte ich am Ende selber, dass wir beide davon profitieren würden. Seine Argumente hämmerten immer wieder auf mich ein: Ich würde es auch bereuen, wenn ich das jetzt nicht erleben würde. Wir lebten im Hier und Jetzt, jetzt seien wir jung. Wir müssten jetzt alles mitnehmen, was wir wollten. Durch die jahrelange Manipulation verstand er es schließlich, doch ein wenig Neugier in mir zu wecken. Ich haderte lange, weil mich die Umsetzung in die Realität doch ein wenig scheute. Unser erster gemeinsamer

Sohn war bereits ungefähr ein Jahr alt und dann passierte es schließlich aus einer Partylaune heraus.

Am Ende einer Feier in unserer Wohnung blieben er, ich und ein gemeinsamer Freund übrig. Da ich den gemeinsamen Freund mochte und auch attraktiv fand, ergab sich an diesem Abend die erste Situation von vielen weiteren, die noch kommen sollten. Was ich nicht mitbekommen hatte, war, dass mein Ex-Mann schon während der Party immer wieder mit unserem Freund geredet hatte und ihn auch immer wieder fragte, ob dieser mich nicht auch sexuell attraktiv fände und sich vorstellen könnte, mit mir intim zu werden. Er – als Ehemann – hätte auch nichts dagegen und würde gegebenenfalls nur am Rande mit dabei sein. Der Fokus solle schon auf mir und unserem Freund liegen. Wir waren alle ein wenig angetrunken und am Ende fragte mich mein Ex-Mann, ob ich mir nicht vorstellen könnte, mit unserem Freund ins Bett zu gehen. Ich war zwar auch ein wenig nervös, war aber grundsätzlich ganz angetan von der Idee, dass ich in einer festen Beziehung lebend dennoch mit anderen Männern intim sein durfte. Es kam zu einem ersten Kuss und daraus entwickelte sich alles Weitere. Der Sex war sehr einfühlsam und zärtlich. Am nächsten Morgen bestärkte mich mein Ex-Mann in dem Vorgehen der letzten Nacht. Ich hätte alles richtig gemacht und er fand die Situation so gut, dass sie wiederholt werden sollte. Insgesamt funktionierte es ja auch gut zwischen unserem Freund und mir. Und so entwickelten sich auch wiederholte Treffen mit ihm. Mein Ex-Mann hielt sich meistens zurück, oft trank er vorher. Für mich spielte sich die Situation immer mehr ein, ich brauchte keinen Alkohol, konnte mich auch so einigermaßen fallen lassen. Im Laufe der Zeit versuchte mein Ex-Mann aber immer wieder auch, mich vorher mit Alkohol „noch lockerer" zu machen. Ich sollte mich noch mehr gehen lassen, meinen Fantasien noch mehr Freiraum geben. Ich sollte erst später merken, was er damit meinte. Nur der eine andere Mann genügte ihm irgendwann nicht mehr. Auch sei ihm der Sex mit diesem Freund zu harmlos. Die absolute Ekstase war sein Ziel und das könne unser Freund wohl nicht in mir und ihm auslösen. Obwohl mir die kleineren Partyerlebnisse mit diesem Bekannten wirklich genügten, betonte er immer wieder und vehementer, dass ich härteren Sex bräuchte. Und dann dachte ich irgendwann, dass er vielleicht Recht hatte und ich später bereuen würde, nicht alles ausprobiert zu haben. Allerdings stieß mir damals schon auf, dass er zwar immer beteuerte, MEINE sexuellen Fantasien erfüllen zu wollen, er selbst jedoch nie, nie, nie zufrieden war. Egal, was wir ausprobierten, egal, ob ich es gut fand. Er wollte es immer extremer, immer härter, immer mehr.

Auch in anderen Situationen nach Partys oder Abenden mit Freunden sollte ich Sex mit anderen Männern haben. Mein Ex-Mann hatte diese Situationen immer im Laufe des Abends eingefädelt und ich führte die Fantasien dann am Ende aus. Er blieb dabei meist im Hintergrund, machte nur selten richtig mit. Zuzuschauen genügte ihm. Jedes einzelne Mal musste ich mich überwinden, dennoch war ich in jeder einzelnen Situation davon überzeugt, das Richtige zu tun, denn ich würde noch näher mit meinem Ex-Mann zusammenwachsen. Eine erste Grenze für mich überschritt er in einer Situation, als er aus meinem Emailaccount heraus einen meiner Ex-Freunde anschrieb und ihn in meinem Namen fragte, ob ich eine Affäre mit ihm anfangen wollte. Auch wenn er hierbei für mich einen Schritt zu weit ging und meine Privatsphäre völlig ignorierte, verstand er es dennoch, mir diesen Schritt als besonderen Akt der Liebe zu verkaufen. Da ich ja ohnehin ein wenig schüchtern sei, die Initiative zu ergreifen und mich auf gemeinsame männliche Bekannte einzulassen, sei dies schließlich nur eine weitere Situation gewesen, in der er mich und meine Fantasien unterstützen wollte. Schließlich war das ja mal MEINE Fantasie gewesen. ICH hatte ja die Idee gehabt, ICH wollte ja mit anderen Männern ins Bett. Jetzt konnte ich doch keinen Rückzieher machen und meinem Ex-Mann das nehmen. Als ich mit ihm darüber reden wollte, dass ich mich gar nicht wirklich frei fühlte in solchen Situationen, machte er mir Vorwürfe, dass ich ihm meine Fantasien dann wohl nur vorgelogen hätte. Er bezeichnete mich als Lügnerin und sagte mir auch, dass ich ruhig sagen könnte, wenn ich gelogen hätte. Dann hätte er sich eben sehr in mir getäuscht und wir würden das ganze Thema abhaken. Schließlich würden dann auch seine Erwartungen nicht mehr enttäuscht werden. Er hätte doch gedacht, dass ich ein so freier Geist wäre. Dann wäre er eben getäuscht worden.

**Er hat mir also tatsächlich Exit-Strategien angeboten. Ich hätte ihm sagen können, dass ich das alles nicht wollte. Wieso habe ich das nicht getan?**

Tatsächlich ist ein Teil der Antwort sicherlich auch verletzter Stolz. Schließlich hatte ich ihn nicht angelogen. Hat nicht jeder Fantasien, die in der Auslebung aber dann Grenzen überschreiten? Wie hätte ich ahnen können, dass er meine sexuellen Träume tatsächlich in die Realität holen wollte? Außerdem zeigte er mir deutlich, dass ich ihn sehr enttäuscht hätte, wenn ich nicht weitergemacht hätte. Er zeichnete ein Bild von einer zurückhaltenden, schüchternen und verklemmten Carlotta, das in meiner Wahrnehmung einfach falsch war und von mir widerlegt werden musste. Ich sei angeblich prüde, wäre langweilig im Bett, wäre zu einer Spießerin geworden. Außerdem hätte ich ihm etwas vorgelogen und damit die Vertrauensgrundlage unserer Beziehung in Frage gestellt. Das konnte und wollte ich nicht auf mir sitzen lassen. Auch war es ja von Anfang an mein Ziel gewesen, ihm den Schmerz über seine Enttäuschungen im Leben zu lindern und ganz zu nehmen. Ich konnte nicht mit dem Gedanken leben, dieses Ziel nicht nur nicht erfüllen zu können, sondern für eine weitere Enttäuschung verantwortlich zu sein. Er sprach von Freiheit, dass jeder von uns frei sein solle, alles zu tun, was er wolle, dass wir zwar zusammen seien, aber eben trotzdem leben sollten, als seien wir single. Schließlich wollten wir uns doch so, wie wir wirklich seien, wenn wir freie und selbstbestimmte Menschen wären.

Er hatte es ein weiteres Mal geschafft, mich so zu manipulieren, dass ich am Ende bereit war, meine eigenen Bedürfnisse einfach fallen zu lassen.

> Meine Freundin Steffi beobachtete diese Phase aus der Ferne und beschrieb ihre Wahrnehmung so:
> „Ich wusste schon immer, dass meine Freundin Carlotta kein Kind von Traurigkeit war. Wir hatten immer Spaß gehabt auf Partys und lachten viel gemeinsam. In privaten Gesprächen zeichnete sie mir ein Bild davon, sexuell völlig erfüllt zu sein. Der Sex mit ihrem Mann sei wundervoll und ausgiebig. Dennoch spürte ich schon damals, dass sie irgendetwas zu überfordern schien. Da ich selber zu dem Zeitpunkt schon Mutter war, kam mir das Leben, vor allem ihr Sexualleben, als zu offensiv, zu durchgetaktet und zu wild vor. Ich hatte fast das Gefühl, dass sie rund um die Uhr Sex hatte und das als Gewinn betrachtete. Dabei sah ich, dass sie irgendwie überfordert wirkte und leider auch nicht mehr glücklich. Was der wahre Grund war, konnte ich zu dem Zeitpunkt nicht ahnen. Carlotta erzählte auch nichts davon."

Meinem Ex-Mann waren die Treffen mit Männern aus unserem Bekanntenkreis irgendwann nicht mehr genug. Außerdem waren die sexuellen Erlebnisse in ihrer Durchführung auch irgendwie erschöpft. Man kannte sich und es gab keine neuen Situationen mehr, es fehlte der Kick. In ihm formte sich die Idee, sich im Internet Bekanntschaften zu suchen, die die gleichen Interessen hatten. Er verkaufte mir dieses Vorgehen als zielführend und als Erleichterung. Wir könnten nur gewinnen, denn wir würden die Freundschaften mit unseren Freunden nicht gefährden und schließlich ging es bei den Männern im Internet auch nur noch ausschließlich um Sex. Es entstünden keine peinlichen Situationen mehr und endlich könnte ich meiner Fantasie noch intensiver freien Lauf lassen. Denn wir seien ja nicht mehr auf zufällige Gegebenheiten angewiesen, sondern könnten jetzt gezielt suchen und planen. Ich glaubte ihm. Ich glaubte ihm alles.

Ich weiß heute, wie schräg sich das lesen lässt. Ich kann aus der heutigen Perspektive nur mit dem Kopf schütteln. Und nach diesen ganzen Eskapaden – Jahre später – überkam mich ein so tief empfundenes Gefühl von Scham. Ich ekelte mich vor mir selbst. Und dennoch folgte ich ihm damals blind. Man kann als Außenstehender wahrscheinlich kaum nachvollziehen, wie man sich so einwickeln lassen kann. Ich bin keine schwache Frau, war ich auch damals nicht. Ich bin auch nicht unterwürfig oder devot. Ich war in einer co-abhängigen Beziehung. Nicht mehr, nicht weniger. Man kann das nicht anders beschreiben als als Abhängigkeit. Und in einer Abhängigkeit gelten die Grenzen nicht mehr, die man davor hatte. Und deshalb überschritt ich meine. Immer und immer weiter.

In der Zwischenzeit war unser zweiter gemeinsamer Sohn auf die Welt gekommen und dennoch sollte es mit zwei eigenen Kindern und einem Stiefsohn zu Hause weitergehen und die ersten Treffen mit Männern aus dem Internet standen an. Ich war mittlerweile 34, fühlte mich wegen des sportlichen Lebens, das ich führte, nach der Geburt des zweiten Kindes wohl in meinem Körper und sollte mit wildfremden Männern eine Affäre beginnen. Die Gespräche im Internet verliefen erschreckend zielgerichtet. Er wollte zwar immer, dass ich die Initiative ergriff und selbstständig Männer aussuchte, aber diesen Schritt konnte ich anfangs nicht gehen. Daher übernahm er meist die Initiative und kam erstaunlich schnell zum Kern; in den Foren, in denen es konkret darum ging, mit verheirateten Frauen zu schlafen, war ein einfaches: „Hast du Lust, uns kennenzulernen?", meist genug. Das erste Treffen fand statt mit einem 35-jährigen, nicht unattraktiven Mann. Mein Ex-Mann und ich trafen ihn in einem Café und gingen dann spazieren. Er war sehr nett und aufgeschlossen und wir merkten schnell, dass die Chemie zwischen uns stimmte. Er bot an, ein Hotelzimmer zu buchen, in dem wir ihn dann besuchen könnten. Ein paar Tage später war es dann soweit, der Sex wurde ein klein wenig rauer, war aber insgesamt in Ordnung. Mein Ex-Mann hielt sich zwar zurück und beobachtete, machte dann aber auch aktiv mit. Im Anschluss daran ging es mir tatsächlich ganz gut. Ich war beseelt von dem Gefühl, so mutig gewesen zu sein. Ich hoffte, dass auch mein Ex-Mann sehen konnte, dass ich genauso aufgeschlossen war, wie er es sich vorgestellt hatte. Ich war diesen Schritt gegangen. Für ihn. Auch wenn er noch immer davon sprach, dass er dies für mich getan hätte. Mit diesem ersten Mal war das Eis gebrochen und von da an fanden Erlebnisse mit fremden Männern in Hotelzimmern dann immer mal wieder statt. Immer wurde zuerst überprüft, ob die grundsätzliche Chemie stimmte und wenn dies der Fall war, kam es meistens sehr schnell zum Sex. Wir luden schließlich sogar Männer zu uns nach Hause ein, trafen manche Männer sogar mehrfach. Unsere Kinder bekamen davon nichts mit. Die Männer kamen über einen separaten Eingang in die Werkstatt. Die Kinder schliefen in ihren Betten, wir hatten ein Babyphone dabei und wenn sich doch mal jemand meldete, ging eben einer kurz nach oben und beruhigte sie. Aus heutiger Sicht überkommt mich noch immer so ein Ekel davor, wie ich mit diesen Situationen umgegangen bin, wie ich meine Kinder dabei hintenangestellt habe und das auch noch als Liebesbeweis zu meinem Ex-Mann betrachtete. Ich schäme mich bis heute und es tut mir unendlich leid.

Als nächsten Schritt wollte mein Ex-Mann dann Swinger-Clubs ausprobieren. Auch hier lagen die Vorteile für ihn auf der Hand. Man könnte sofort merken, ob eine gemeinsame Sympathie da wäre, und müsste dann auch nicht umständlich lange warten, bis man sich wiedersehen könnte. Außerdem wollte er doch meine Fantasie befriedigen, dass ich von zwei Männern gleichzeitig verwöhnt werden sollte. Da er sich immer mehr und mehr zurückziehen und nur passiv dabei sein wollte, mussten ja zwei fremde Männer an meine Seite und in solchen Swinger-Clubs wäre dies schließlich möglich. Ich hatte von Anfang an Hemmungen, auch weil ich befürchtete, auf Menschen zu stoßen, die ich auch außerhalb der Clubs kannte. Vor allem aber fühlte ich mich immer mehr und mehr unter Druck gesetzt, ihm etwas erfüllen zu müssen. Ich wollte ihn nicht enttäuschen und er verkaufte mir immer und immer wieder, dass ich nur MEINEN Fantasien nachgehen solle und er mich darin unterstütze. Bei einem ersten Besuch eines Clubs landeten wir in einem Pärchen-Club und es kam nicht zum Sex mit einem anderen Mann. Schließlich war das Credo solcher Pärchen-Clubs, dass ein Partnertausch stattfinden sollte, und mein Ex-Mann wollte sich nicht mit einer anderen Frau beschäftigen. Zu sehr hätte ihn das von seiner Voyeur-Rolle abgehalten, die er immer mehr und mehr einnahm. Beim nächsten Mal suchten wir uns einen Single- und Pärchen-Club aus. Hier konnte jeder alles das machen, was sie oder er wollte. Schnell kam ein Mann auf uns zu, der sich sehr für mich interessierte. Auch mein Ex-Mann machte „Werbung" für mich. Er war mir sympathisch, das kurze Kennenlernen war gut und der Mann versprach mir, dass ich voll auf meine Kosten kommen würde. Doch nach etwa 30 Sekunden des Aktes war alles vorbei. Wäre es nicht der Startschuss von vielen solcher Situationen gewesen, hätte man fast darüber lachen können. Noch am gleichen Abend sollte ich mich noch auf weitere Männer einlassen. So kam es direkt bei unserem ersten Besuch in diesem Club zu Sex mit mehreren Männern. Auch gleichzeitig. Als wir nach diesem ersten Abend nach Hause fuhren, war mein Ex-Mann ‚ganz zufrieden'. Ganz zufrieden? Für den Anfang sei das doch schon ok gewesen! Ich war nur erschöpft. Viel mehr noch als die körperliche Anstrengung stach aber die seelische Anstrengung heraus. Das sollte ab jetzt normal sein? Zu Hause legte ich mich ins Bett und überlegte, wie das alles jetzt wohl weitergehen würde.

Die Club-Besuche fanden von da an sehr unregelmäßig alle paar Wochen oder Monate statt. Wir fuhren immer wieder, meistens in den gleichen Club. Insgesamt waren die Kontakte schnell gefunden, der Sex war mal härter, mal zärtlicher. Im Laufe unserer weiteren Besuche bekam ich fast eine Art Routine darin, mich mit Männern so auszutauschen, dass mein Ex-Mann möglich viel Befriedigung aus den Beobachtungen ziehen konnte. Hart sollte der Sex sein und am besten mit mehr als einem Mann. Immer öfter ließ ich also gleich mehrere Männer an mich ran und ließ auch immer mehr zu. Dass es mir trotz der Routine immer schwerfiel und eine Überwindung darstellte, hielt mich nicht davon ab, Sex mit anderen Männern zu haben. Ich wollte gefallen, ich wollte meinen Ex-Mann glücklich machen und war davon überzeugt, mich dadurch auch glücklich zu machen. Tatsächlich war es aber so, dass ihm das alles nie genug war. Er war nie glücklich, nie befriedigt. Er wollte mehr, er wollte es härter. Ich war aber nicht in der Lage, zu sehen, dass nicht ich und meine Aktionen ihn nicht befriedigten. Es lag an ihm selbst. Auch nachdem noch viele weitere Grenzen überschritten wurden, stellte sich bei ihm keine Befriedigung ein. Es war nie genug.

> Steffi: „Als ich dich zu Fasching mal anrief und fragte, was du an dem Abend noch vorhättest, rief dein Ex-Mann aus dem Hintergrund, dass ihr noch weggehen würdet und dass du absolut heiß aussehen würdest. Im Spaß sagte ich, dass ich ein Foto haben wollte. Anschließend schicktest du mir eins und ich war ein wenig irritiert. Du hattest eine sexy Lederkombi an, die an Cat Woman erinnern sollte. Allerdings war das Kostüm für die Öffentlichkeit sehr aufreizend, zeigte viel Haut. Ich scherzte, dass man auf dich aufpassen sollte, so wie du aussähst. Aber dein Ex-Mann rief nur, dass das schon in Ordnung sei und dass du ja auch gerne angemacht werden könntest. Irgendwie fand ich das sehr befremdlich. Auch fand ich dich mittlerweile deutlich zu dünn. Du hattest so sehr abgenommen. Als ich dich auch darauf ansprach, rief dein Ex-Mann wieder aus dem Hintergrund, dass du nicht zu dünn seist, sondern genau richtig. Er führte deine Vor-

> züge dann regelrecht vor und ich kam mir vor wie auf einem Basar, auf dem meine Freundin angeboten wurde. Ich wollte mich aber auch nicht weiter einmischen, weil ich schon bemerkt hatte, wie unangenehm es dir war."

Mein Ex-Mann wollte immer mehr Kontrolle. War es ihm am Anfang noch wichtig, dass mir die Männer gefielen, wurde er im Laufe der kommenden Monate immer ungeduldiger, wenn mir eben an einem Abend mal keiner gefiel. „Ein Schwanz ist ein Schwanz!", ich solle eben einfach mit jemandem „ficken", sei doch egal, ob der mich anmachte oder nicht. Schließlich wäre der Eintritt auch teuer und er wollte was geboten bekommen für sein Geld. Auch die Regeln wurden immer strenger. In dem einen Raum ging es nicht mehr, weil man die Tür zumachen könnte, und dann könnte man nichts mehr sehen, in einem anderen Raum war die Musik zu laut und man hörte mein Stöhnen nicht mehr laut genug. Der Sex war ihm immer zu soft. Keiner der Männer nahm mich hart genug ran. Ob ich mich an einem Abend überhaupt danach fühlte, in den Club zu gehen, spielte auch immer weniger eine Rolle. Kam es während eines Clubbesuchs zu keinem Kontakt oder ich verweigerte mich völlig, war er regelrecht sauer, beleidigte mich und setzte mich noch mehr unter Druck. An einem der letzten Abende in solchen Clubs war ich nach einem intensiven Streit mit ihm ganz und gar nicht gut gelaunt und wollte in dieser Situation gar nicht mehr in den Club gehen. Er aber zog mich einfach mit sich; es würde schon was werden. Ich solle mich beruhigen. Im Club angekommen erkannte ich einen Mann, mit dem ich schon mal Kontakt hatte und ging ziemlich schnell auf ihn zu. Auf den von allen einsehbaren Spielwiesen gab es keinen Platz mehr und ich ging mit ihm in einen Raum. Ich bat darum, dass wir die Tür aufließen, so dass jeder in den Raum schauen könne. Doch noch bevor es zur Sache ging, kam mein Ex-Mann hinzu und riss uns auseinander. Er war rasend vor Wut und erklärte mir, dass ich mich nicht an unsere Regeln hielte. Ich hätte mir bewusst einen Raum ausgesucht, den man abschließen könne, weil ich ihn nicht dabei haben wolle. Alle Erklärungen, dass ich bewusst einen Raum gewählt hatte, den man betreten konnte, verhallten ungehört an ihm. Er war so wütend und schrie so nachhaltig auf mich ein, dass schon andere Clubbesucher dazu kamen und ihn baten, seine Stimme zu senken. Ich versuchte, die Situation zu deeskalieren, und ertrug seine Schimpftiraden. Er schrie, ich würde IHN beschämen, ich wäre die Peinliche von uns beiden und ich wäre schuld daran, dass er jetzt so wütend sei. Meine Stimmung kippte immer mehr und ich hatte das Gefühl, dass ich den Abend nur dann retten könnte, wenn ich mich weiter auf die Suche machte nach einem anderen Mann, um meinem Ex-Mann zu zeigen, dass ich mich an die Regeln halten konnte.

Ich suchte mir jemanden und Gott sei Dank war eine Spielwiese frei, die allerdings ziemlich nah am DJ-Pult war. Entsprechend laut war die Musik. Ein weiteres Mal zerrte mich mein Ex-Mann aus der Situation. Er war erneut rasend vor Wut. Mit der lauten Musik im Hintergrund könnte man nicht laut genug hören, was zwischen dem Mann und mir passierte. Ich hatte nicht mal die Gelegenheit, mich anzuziehen, als er mich schon unsanft am Handgelenk packte und mich nackt über die Tanzfläche zu den Umkleidekabinen zog – mitten durch die Besucher:innen des Clubs hindurch, aus dem Nacktbereich heraus. In dem Umkleideraum schrie er auf mich ein, dass ich eine Schande sei, dass ich sein Vertrauen missbrauche und dass es nun offensichtlich für ihn wäre, dass ich ihn nur „verarsche". Ich würde keine Rücksicht auf ihn nehmen, auf den Mann, der mir alle meine sexuellen Fantasien ermögliche. ER sei derjenige, der hier zurückstecken müsse und jetzt sei absolut klar geworden, dass ich wohl nur meine EIGENE Befriedigung im Kopf habe. Unser Vertrauensverhältnis sei absolut zerstört und er wäre noch nie so gedemütigt worden. Ich zog mich an und kurze Zeit später saßen wir im Auto auf dem Rückweg zu unseren Kindern. Während der gesamten Fahrt schrie er mich an und beleidigte mich als „Schlampe" und „dumme Fotze" und sagte mir, dass ich froh sein solle, dass er mich nur nackt über die Tanzfläche gezogen und mir nicht „den Kopf auf dem Tresen zerschmettert hätte." Dazu hätte er schließlich „alles Recht der Welt gehabt".

**Warum war dieser emotionale und auch körperliche Übergriff vor so vielen Menschen noch immer nicht das Zeichen dafür, die Ehe zu beenden? Wie hat er es geschafft, mich ein weiteres Mal davon zu überzeugen, nicht zu gehen?**

Um diese Frage an dieser Stelle zu beantworten, muss ich an den Anfang unserer Beziehung springen. Durch die so intensive Zeit des Kennenlernens und das Manifestieren unserer Beziehungsregeln war es für mich quasi in Stein gemeißelt, dass ich bei dem Mann bleiben werde. Egal, was passierte. Auch nach noch viel extremeren Situationen – die noch kommen sollten – kam es mir nicht einmal in den Sinn, die Ehe als Ganzes in Frage zu stellen. Ich war mit einzelnen Situationen zunehmend unzufriedener und machte meiner Unzufriedenheit auch Luft, war aber niemals wirklich mit der Frage beschäftigt, wie es wäre, ohne ihn zu leben. Das lag nicht daran, dass ich ihn über die Jahre hinweg immer weiter liebte, denn das tat ich immer weniger. Es war vielmehr mein von mir selbst auferlegtes Schicksal, meine Entscheidung, die ich (mit ihm zusammen) getroffen hatte und an der nicht gerüttelt wurde. Darüber hinaus verstand er es, die Situationen so zu verdrehen, dass ich mich am Ende so fühlte, als hätte ich eine Teilschuld an dem Geschehen. Er würde immer nur so emotional reagieren, weil er Angst hätte, mich zu verlieren. Es sei seine Trauer und seine Wut, die ihn so handeln lassen würden und vor alle dem stünde immer seine Liebe zu mir. Mit dem Wissen um seine Biografie empfand ich schnell Mitgefühl und auch Verständnis und verzieh ihm. Dennoch war die Gesamtsituation für mich kaum noch zu ertragen. In meiner Wahrnehmung genügte ich ihm sowieso nicht mehr, weder sexuell noch in anderen Bereichen. Paradoxerweise dachte ich, dass ich nur noch mehr zulassen müsste, noch mehr ertragen müsste. Dann könnte ich ihm schließlich wieder eine gute Frau sein.

Zu dieser Situation in dem Club kann ich nur sagen, dass dies der letzte Besuch in einem solchen Swinger-Club war. Für mich war diese Episode der sexuellen Eskapaden beendet. In unserer Ehe hatten sich unabhängig von den Swinger-Club-Besuchen bereits andere Untiefen aufgetan, die im Vergleich dazu noch krasser waren. Insofern war dieser körperliche Übergriff auf mich in dieser letzten Nacht im Club fast harmlos gegenüber den Situationen, die ich zu Hause erleben musste und noch erleben sollte. Es hatte sich schon einige Monate eine andere Frau in unserem Leben etabliert, die mir heute eine Verbündete ist, damals jedoch gigantische Risse in unsere Beziehung zog.

> Meine Freundin Dani fasst die Situation mit folgenden Fragen ganz gut zusammen: „Carlotta, hast du dir eigentlich schon mal Gedanken dazu gemacht, wann Vergewaltigung anfängt? Sollte Sex nicht einvernehmlich sein? Nur, weil du aus Angst, ihn zu verlieren, irgendwie ‚Ja' gesagt hast, heißt das nicht, dass alles einvernehmlich war!"
> Meine Freundin Steffi hat dazu folgende Gedanken: „Das ist sexuelle Nötigung. Das ist sexueller Missbrauch. Alles, was du dir da schöngeredet hast, ist Missbrauch. Und die Tatsache, dass er das ausnutzte, macht ihn nur noch mehr zum Täter. Noch heute versuchst du, das alles irgendwie klein zu reden. Nicht einmal habe ich dich das Wort ‚Vergewaltigung' sagen hören. Warum nicht?"

Ich muss hier die beiden Kommentare meiner Freundinnen etwas ausführlicher beantworten, weil es wichtig ist, wie Vergewaltigung definiert wird.

Schaut man ins Strafgesetzbuch, ist die Lage absolut eindeutig:

**§ 177 StGB Sexueller Übergriff; sexuelle Nötigung; Vergewaltigung**

(1) Wer gegen den erkennbaren Willen einer anderen Person sexuelle Handlungen an dieser Person vornimmt oder von ihr vornehmen lässt oder diese Person zur Vornahme oder Duldung sexueller Handlungen an oder von einem Dritten bestimmt, wird mit Freiheitsstrafe von sechs Monaten bis zu fünf Jahren bestraft.

(2) Ebenso wird bestraft, wer sexuelle Handlungen an einer anderen Person vornimmt oder von ihr vornehmen lässt oder diese Person zur Vornahme oder Duldung sexueller Handlungen an oder von einem Dritten bestimmt, wenn

1. der Täter ausnutzt, dass die Person nicht in der Lage ist, einen entgegenstehenden Willen zu bilden oder zu äußern,
2. der Täter ausnutzt, dass die Person auf Grund ihres körperlichen oder psychischen Zustands in der Bildung oder Äußerung des Willens erheblich eingeschränkt ist, es sei denn, er hat sich der Zustimmung dieser Person versichert,
3. der Täter ein Überraschungsmoment ausnutzt,
4. <u>der Täter eine Lage ausnutzt, in der dem Opfer bei Widerstand ein empfindliches Übel droht, oder</u>
5. <u>der Täter die Person zur Vornahme oder Duldung der sexuellen Handlung durch Drohung mit einem empfindlichen Übel genötigt hat.</u>[4]

Aus heutiger Sicht sind die Situationen absolut eindeutig zu interpretieren. Ich WURDE sexuell genötigt! Ich WURDE vergewaltigt! Es gibt KEINEN Zweifel daran! Ich habe immer und immer wieder betont, dass diese Wege der Entwicklung unseres Sexlebens, die wir gingen, nicht meine Wege waren. Aus einer Partylaune heraus etwas mit einem Mann anzufangen, selbst Clubbesuche als solche, fand ich nicht unattraktiv. Was für mich die Situationen so unerträglich machte, war der Druck. Mein Ex-Mann verlangte von mir, dass ich Sex hatte, selbst wenn ich das nicht wollte. „Ich hab jetzt 65 Euro bezahlt für so einen Abend. Ist mir scheißegal, ob du hier jemanden geil findest oder nicht. Ein Schwanz ist ein Schwanz. Lass dich halt ficken. Ist doch egal, von wem", sind die Form von Sprüchen, die ich mir anhören musste und die mich unter Druck setzten. Konfrontierte ich meinen Mann damit, dass mir das alles zu viel war, dass ich keinen Spaß daran hatte, so geplant und auf Abruf meinen Körper anzubieten, stellte er mir ein Ultimatum. Wir könnten auch aufhören mit allem. Dann wäre aber auch alles vorbei, sogar ein freundschaftlicher Kuss auf den Mund von meinen Freundinnen, jegliche Flirtereien, jeder tiefere Kontakt zu anderen Männern. Er wollte die absolute Kontrolle und er wollte, dass ich mich seiner Kontrolle unterwarf. Ob ich mich von Männern in Swingerclubs benutzen ließ oder wie eine Nonne lebte, beides unterlag seiner Kontrolle. Mir blieb die Wahl zwischen Pest und Cholera. Wieder einmal die Wahl zwischen Schwarz und Weiß. Mich plötzlich einer völligen Abstinenz zu unterwerfen, schien mir so weit weg von Freiheit, dass ich mir auch ausmalte, wie ich plötzlich von meinen Freund:innen wahrgenommen wurde. Ich sah meine Freiheit verschwinden; mal mit Freundinnen weg zu gehen und vielleicht mit dem DJ zu flirten war in meinen Vorstellungen plötzlich behaftet mit Betrug. Jegliche Umarmung mit einem Mann, jeder freundschaftliche Schmatzer, alles sollte plötzlich ein Verbot sein? Der Einschnitt schien mir in meinem Sein fast noch krasser zu sein, also beugte ich mich und besuchte weiterhin die Clubs.

Und noch etwas ist wichtig zu betonen; auch im Falle einer sexuellen Nötigung oder einer Vergewaltigung, was es ZWEIFELSOHNE war, hat mir der Sex mit manchen Männern an manchen Abenden Spaß gemacht. Das darf man nicht verwechseln! Das hat nichts miteinander zu tun! Ich weiß von anderen Frauen, dass sie während einer Vergewaltigung einen Orgasmus hatten und sich deswegen am meisten schämten. Diese Scham ist völlig unangebracht. <u>Ein Orgasmus ist eine rein körperliche Reaktion, die man nicht grundsätzlich unterdrücken kann. Ein</u>

Orgasmus verwandelt eine Vergewaltigung nicht in einvernehmlichen Sex! Spaß am Sex mit einzelnen Männern hat die grundsätzliche fehlende Zustimmung von mir zu diesem Vorgehen nicht plötzlich aufgehoben! Es hat einen Augenblick gedauert, bis ich das verstanden habe, aber meine Therapeutin hat mir dabei geholfen und mittlerweileweiß ich auch um meinen Anteil an der Gesamtsituation durch meine Co-Abhängigkeit , aber ich weiß auch, dass ich in vielen Situationen missbraucht, betrogen, übervorteilt und genötigt wurde und DAS IST NICHT MEINE SCHULD!

## Kapitel 5 – Seine besten Freundinnen plus ...

Schon während der gesamten Zeit unserer Beziehung lag mir mein Ex-Mann in den Ohren mit der Vorstellung, eine beste Freundin haben zu wollen. Sein bester Freund war einige Jahre zuvor ums Leben gekommen und seitdem hatte er keinen Bezugsmenschen mehr in seinem Bekanntenkreis, der diese Lücke füllen konnte. Für ihn war diese Idee einer Freundin besetzt mit der Vorstellung, dass Frauen sensibler seien und sich deshalb emotional besser auf ihn einstellen könnten. Zwar könne es zwischen Mann und Frau nie eine rein platonische Liebe geben, weil für ihn immer die sexuelle Ebene dazwischen läge, aber er wolle gerade deshalb eine beste Freundin, weil er genau diese Dinge mit ihr besprechen wolle. Außerdem verstünden ihn Frauen ohnehin besser als Männer. Mir machte diese Idee nichts aus, ich fand es aber eher seltsam, dass er die Vorstellung hatte, sich konkret eine beste Freundin zu suchen. Als ob man sich das Geschlecht des Menschen aussuchen könnte, mit dem man eine innige Freundschaft aufbaut. Ich ließ ihm aber diesen Gedanken. In dieser Phase waren wir ohnehin gerade auf der Suche nach männlichen Bekanntschaften und mein Leben drehte sich um andere Dinge.

Dann aber brachte ein entfernter Bekannter eine Freundin mit zu einer Party. Marie war eine nette, junge Frau in meinem Alter und wir teilten den gemeinsamen Bekanntenkreis. Mein Ex-Mann fand Marie von Anfang an sehr nett und bemerkte einen besonderen Draht, den sie angeblich zueinander hätten. Sie war nach seiner Vorstellung sehr gut geeignet, seine neue beste Freundin zu werden. Schnell entwickelte sich eine Sympathie, die sich in den folgenden Wochen immer mehr in Freundschaft verwandelte. Marie war zu diesem Zeitpunkt single und auf der Suche nach ihrem neu zu verwirklichenden Ich. Entsprechend war sie zwar viel reisend unterwegs, verbrachte ihre Zeit in der Heimat aber immer öfter auch bei uns. Mein Ex-Mann war sehr um sie bemüht, war ganz und gar Gentleman und umgarnte sie mit seiner charmanten Art und seinem Humor. Für mich war das alles noch harmlos, wusste ich doch um die Einheit, *DIE Beziehung*, die ich mit meinem Mann lebte. Eines Tages kamen er und Marie zu mir in den Garten, als ich gerade Wäsche aufhängte, und er sagte mir, dass „wir spazieren gehen wollen". Ich erklärte, dass ich die Wäsche auch später machen könnte, und begann, mich fertig zu machen. Doch er unterbrach mich und sagte mir, dass er nur mit Marie unterwegs sein wolle, weil er allein mit ihr reden wolle. Ich verstand die Intention dahinter nicht. Was könnte er ihr erzählen, was ich nicht ohnehin wusste? Hatten wir uns nicht geschworen, dass wir keine Geheimnisse voreinander haben sollten? Dass wir alles gemeinsam erleben wollten? Seine Begründung für den Spaziergang ohne mich war so egoistisch wie schmerzhaft: Er wollte sich nicht von mir ablenken lassen und endlich mit seiner besten Freundin allein über alles reden. Das war ein Zeitpunkt, an dem mein Herz zum ersten Mal auf einer ganz neuen Ebene zu schmerzen begann. Marie stand neben ihm und ich konnte nicht anders reagieren als lächelnd viel Spaß zu wünschen. In meinen Gedanken malte ich mir aus, dass er mit ihr über all das reden würde, was wir in den letzten Wochen erlebt hatten. Die Männerbekanntschaften, die Besuche in Hotels und unser Sexleben. Ich hatte mich für die Beziehung vollständig geöffnet, ihm alles gesagt, all meine dunkelsten Geheimnisse offenbart. Und das alles mit dem Versprechen, dass diese Geheimnisse UNSERE Geheimnisse waren. Und jetzt wollte er sie mit einer anderen Frau teilen? Ich fühlte mich zurückgewiesen!

Von da an war Marie wichtig. Ich stand hinten an. Marie machte ihn glücklich, Marie bekam seine Zeit, seine Aufmerksamkeit, sein Lachen. Und Marie bekam seine Geheimnisse. Es war schlimm für mich, dass es ihm mit ihr so gut ging. Ich hatte nie das Gefühl, ihm Glück zu bescheren. Obschon er tausendfach beteuerte, dass ich eine unglaublich tolle Frau sei, die beste, die schönste, dass es keine andere gäbe, die ihn glücklicher machen könne, spürte ich das nicht mehr. Auch schon vorher nicht, aber seit Marie in unser Leben getreten war, noch viel weniger. Er wollte viele Gespräche mit ihr allein. Ich fühlte mich ausgeschlossen, aber hatte Angst, dies zu äußern. Ich hatte zu dem Zeitpunkt bereits mehrfach erlebt, wie er mit stressigen Situationen umging und immerzu regelrecht ausflippte. Also schluckte ich meine Angst und mein zurückgewiesenes Selbst herunter.

Ja, wir hatten auch lustige Momente mit Marie. Ich mochte sie. Sie hätte auch niemals bewusst versucht, meinen Ex-Mann und mich auseinander zu bringen. Aber dennoch fühlte ich eine immer größer werdende Lücke zwischen ihm und mir. Hinzu kam, dass ich niemals einen anderen Mann so nah an mich herangelassen hätte wie er Marie an sich. Seine Beteuerungen ihr gegenüber wurden immer intensiver. Er erzählte mir und ihr, sie sei perfekt dafür, seine beste Freundin zu werden. Noch nie hätte er jemanden gefunden, der ihm so gut zuhörte, der ihn so verstünde. Alle diese Aussagen waren Stiche gegen mich. Und letztlich auch gegen Marie. Die gesamte Situation wurde ihr zu seltsam, zu eng, zu übergriffig. Sie war ein Freigeist und wollte sich nicht so instrumentalisieren lassen. Marie brach irgendwann den Kontakt ab. Er erzählte etwas von Streitereien und wie gemein sie zu ihm gewesen sei und dass es dann wohl vorbei war. Die Beziehung zwischen den beiden war zwar dann beendet, in mir blieb aber ein Stich im Herzen übrig. Die Situation mit Marie war vorbei und ich wollte wieder zurück zu unserem gemeinsamen Leben. Ich war bereit, nach vorne zu schauen, aber etwas hatte sich in meinen Ex-Mann verändert. Dass er von seiner „besten Freundin" so zurückgewiesen worden war, ließ ihn noch tiefer abrutschen in seine Spirale aus Selbstmitleid, Wut und Hass auf Frauen, die ihn enttäuschten.

Was für mich völlig unabhängig von meinen Gefühlen noch übrig blieb, war, dass ich anfing, mit Marie Sport zu machen. Ich nutzte hierfür eine bestimmte Trainings-App, die mir ganz am Ende einen Weg aus diesem Leben aufzeigen sollte. Allerdings kam es in dem Sommer mit Marie auch zu einer ersten, wirklich harten körperlichen Auseinandersetzung, die unsere Ehe erneut zutiefst erschüttern sollte.

Zwei Jahre später – mein Ex-Mann und ich waren bereits tief in die Swingerclubszene abgetaucht – lernte er eine weitere Frau, Nina, kennen – ironischerweise über dieselbe App, die ich auch nutzte, um Sport zu machen. Nina war ebenfalls in meinem Alter und wohnte etwa vier Autofahrtstunden von uns entfernt. Schnell tauschten sie die privaten Nummern aus und kontaktierten sich auch außerhalb der App. Ohne dass sie sich jemals gesehen hätten, entwickelte sich alleine über den Chatverkehr innerhalb weniger Wochen eine wahnsinnig intensive Beziehung zwischen den beiden. Er schrieb Tag und Nacht mit ihr. Er besprach Dinge mit ihr, die persönlich waren, über uns, über alles, ohne dies mit mir abzusprechen. Morgens schrieb er zuerst ihr, bevor er überhaupt den Kindern und mir „Guten Morgen" sagte. Abends galt sein letztes „Gute Nacht" ihr anstatt mir. Ich konnte das nicht greifen, nicht begreifen. All das geschah einfach, ohne dass ich ein Teil davon war, wo wir doch sonst alles immer gemeinsam besprochen hatten. Ich war ein zweites Mal außen vor. Er erzählte mir zwar immer wieder oberflächlich, was er mit Nina besprach, aber ich hatte immer das Gefühl, dass seine Beziehung zu mir ersetzt wurde. Irgendwann schrieb er ihr sogar, dass er sie liebte. Ein Schlag ins Gesicht für mich. War seine Liebe nicht für mich reserviert? Und NUR für mich? Ich verstand seine Argumentation, dass man neben der Partnerin auch andere Menschen, vor allem gute Freunde, lieben könne, aber die Art der Beziehung, die er zu Nina führte, war keine normale Freundschaft. Es war eine Liebesbeziehung! Und das nach nur wenigen Wochen des Schreibens und ohne, dass sie sich zu diesem Zeitpunkt gesehen hätten. Das mit Nina war das zweite Mal in meiner Ehe, dass mein Herz schmerzte. Aber nicht nur das. Die Geschichte mit ihr riss mich in Stücke.

Er entwickelte eine so tiefe Beziehung zu ihr, dass sie sich ihm vollends anvertraute und ihm irgendwann sogar gestand, dass sie sich zur BDSM-Szene[4] hingezogen fühlte. Sie war verheiratet und hatte sich ihrem Mann zu diesen Vorlieben auch anvertraut. Allerdings hatte ihr Mann ihr klar gemacht, dass er ihr diesen Wunsch nie erfüllen würde. Mehr noch, er fand diese Vorlieben mehr als befremdlich und so war das Thema zwischen Nina und ihrem Mann tabu. In meinem Ex-Mann fand sie nun aber den verständnisvollen Zuhörer, dem sie sich vollends anvertrauen konnte und der sie auch in dem Ausleben ihrer Wünsche bestärkte. Sie steigerte sich in ihren Gesprächen mit ihm in die Thematik hinein, lebte ihre Fantasien wenigstens in ihrem Kopf aus und auch mein Ex-Mann wurde sich immer sicherer, dass er, wie sie, in der BDSM-Szene zu Hause war. Und so dauerte es nicht lange, bis die beiden den Plan schmiedeten, ihre Fantasien miteinander auszuleben. Ohne meine Einwilligung, ohne mich wenigstens zu fragen. Ich war wie vor den Kopf gestoßen. Hatte ich nicht ihm zuliebe die Clubs besucht und mich von mehreren Männern quasi benutzen lassen? Nur, um ihm zu gefallen? Und das alles hatte ich doch seinetwegen getan, auch wenn er immer wieder betonte, dass der Ursprung dieser Handlungen angeblich meine Fantasien waren. Das sei doch alles, was er wollte, um (sexuell) glücklich und befriedigt zu sein. Mir wurde aber klar, dass seine ewig andauernde Unzu-

---

4 BDSM-Szene: BDSM ist die heute in der Fachliteratur gebräuchliche Sammelbezeichnung für eine Gruppe miteinander verwandter sexueller Vorlieben, die oft unschärfer als Sadomasochismus bezeichnet werden. Weitere mögliche Bezeichnungen für BDSM sind beispielsweise Ledersex oder Kinky Sex. Der Begriff BDSM, der sich aus den Anfangsbuchstaben der englischen Bezeichnungen „Bondage & Discipline, Dominance & Submission, Sadism & Masochism" (Fesselung & Disziplin, Dominanz & Unterwerfung, Sadismus & Masochismus) zusammensetzt, umschreibt eine sehr vielgestaltige Gruppe von meist sexuellen Verhaltensweisen, die unter anderem mit Dominanz und Unterwerfung, spielerischer Bestrafung sowie Lustschmerz oder Fesselungsspielen in Zusammenhang stehen können.

friedenheit mit unserem Sexleben daher rührte, dass er eigentlich etwas ganz anderes brauchte. Ich war ihm nie genug gewesen. Ich würde ihm nie genug sein. Der Prozess war schleichend und verlief dennoch sehr schnell; noch bevor ein erstes Treffen stattfand, wurde Nina sein Zentrum, sein Ein und Alles. Alles, was sie tat, war besser als das, was ich tat. Ihre Stimme war besser zu ertragen, ihre Lebenstipps waren fundierter. Während ich ihn immer öfter zur Weißglut trieb, war es Nina, die wirklich wusste, wie man mit ihm umgehen sollte. Und schließlich wurde er zu ihrem Dom, sie zu seinem Sub. Mit diesen Begrifflichkeiten musste ich mich erst einmal auseinander setzen.[5]

Die Beziehung zwischen den beiden lief zu diesem Zeitpunkt noch immer nur via Chat und Telefon ab. Doch der Termin für die erste Verabredung stand und ich wurde mit hineingezogen in dieses Spiel. Ich sollte mit dabei sein, ihnen zusehen. Es war genau geplant, was alles passieren und was er mit Nina machen sollte. Und ich konnte mich nicht verweigern, weil ich <u>meine</u> Fantasien ja auch hatte ausleben dürfen. Für mich war das Ganze schwer zu ertragen. Ich war nicht bereit, mich auf diese Szene einzulassen, paradoxerweise schmerzte mich dennoch, dass mich mein Ex-Mann nicht mal gefragt hatte, ob ich mitmachen wollte oder wie es mir mit der ganzen Situation ging. Er lebte seine Wünsche in völligem Selbstverständnis und konnte nicht verstehen, dass ich nicht ebenso selbstverständlich damit umging. Das überrannte mich am meisten. Es fühlte sich an wie in einem Film, ich war handlungsunfähig und dennoch mittendrin.

---

[5] Wie der Name schon sagt, dominiert der Dom (Dominanter) seine Untergebene, seine Sub (Submissive; engl.: Untergebene). Wie weit die körperlichen und sexuellen Züchtigungen zwischen einem Dom und einem Sub gehen dürfen, wird vorher absolut präzise festgelegt. Vor allem aber wird ein Safeword (engl.: Sicherheitswort) vereinbart, welches, wenn es gesagt wird, ein sofortiges Stoppen der unterwerfenden, teilweise schmerzhaften Handlungen nach sich zieht.

Als Nina uns das erste Mal besuchte, war ich 37 und seit etwas mehr als zehn Jahren mit diesem Mann verheiratet, für den ich schon so vieles geopfert hatte. Nina blieb gleich für ein Wochenende und am ersten Abend war die Stimmung zwischen uns zwar gut, aber auch nervös. Ich wusste nicht, was auf mich zukommen würde. Schließlich war ich bei den Einzelgesprächen außen vor und wurde einfach mit hineingezogen. Am zweiten Abend gingen mein Ex-Mann, Nina und ich in den Keller. Die Situation fing relativ befangen an, mein Ex-Mann und Nina fingen an, sich zu küssen. Man merkte jedoch, dass Nina sich unbehaglich fühlte, weil die ganze Situation für sie auch völliges Neuland war. Außerdem war sie sich über meine Rolle in der Situation ebenso nicht im Klaren. Nach relativ kurzer Zeit nutzte mein Ex-Mann einen sehr massiv gebauten Barhocker, um Nina dort vornübergebeugt an Händen und Füßen zu fesseln und sie mit einem Bambusstock zu schlagen. Ich wusste nicht, was meine Rolle sein sollte und auch, als mein Mann mich aufforderte, mitzumachen, wusste ich nicht, was ich tun sollte. Ich hielt mich an ihn, versuchte, ihn zu küssen, ihn anzufassen, während er Nina schlug. Aber das alles machte für mich keinen Sinn und fühlte sich auch nicht richtig an. Nicht nur in der Situation, sondern auch als fünftes Rad am Wagen, als dritte Person neben zwei Menschen, die sich einig waren. Die ganze Session dauerte nicht sehr lange, mein Ex-Mann war insgesamt zu aufgeregt gewesen, dass er etwas falsch machen könnte, als dass er tatsächlich einen Orgasmus bekam. Aber für ihn und für Nina war klar, dass weitere Treffen stattfinden würden. Und es war auch klar, dass die weiteren Treffen ohne mich stattfinden sollten. Und damit wurden all die Regeln, die unser Zusammenleben anfänglich so klar definierten, außer Kraft gesetzt. Es gab plötzlich Situationen, die er sehr bewusst ohne mich erleben wollte, bei denen er mich konkret ausschließen wollte. Unsere Beziehung wurde immer löchriger und instabiler und das doch, obwohl wir uns geschworen hatten, dass wir alles anders und vor allem alles gemeinsam machen wollten. Auch Nina wollte angeblich, dass ich nicht mit dabei war, und er wollte ihr das auch unbedingt erfüllen. Im Nachhinein erfuhr ich, dass er ihr erzählte, dass ich nicht dabei sein wollte. Ein weiteres Mal hatte er mich und auch Nina so manipuliert, dass wir bereit waren, ihn in seinen Wünschen zu tragen. Er schloss sich mit ihr in unserem Keller ein. Nina kam etwa alle drei Monate für ein ganzes Wochenende und entzog mir meinen Mann. Ich tolerierte es. Ich wollte ihn nicht aufgeben, meine Familie irgendwie zusammenhalten. War Nina nicht da, schrieb er weiterhin Tag und Nacht mit ihr oder telefonierte jede freie Minute. Immer wieder hatte ich Zusammenbrüche, flehte ihn weinend an, mal wieder ein Wochenende mit mir allein zu verbringen, ohne dass Nina alle paar Minuten angeschrieben wurde. Erfolglos. Ein Ausbleiben von Nachrichten an sie würde sie verletzen und er wäre nicht bereit, Nina das anzutun. Wie es mir damit ging, war ihm egal. In den Vorbereitungen auf die Treffen zwischen den beiden musste ich jedoch auch als Versuchskaninchen herhalten. Um seine sexuellen Wünsche vollends ausleben zu können, besorgte sich mein Ex-Mann Viagra. Ein weiteres Mal vor Nervosität nicht abliefern zu können, das kam für ihn nicht in Frage. Um auszuprobieren, wie Viagra bei ihm funktionierte, musste eben ich herhalten. Ob ich wollte, ob ich in der Stimmung war, spielte keine Rolle. Die Beziehung zwischen Nina und meinem Ex-Mann dauerte insgesamt ungefähr eineinhalb bis zwei Jahre und verwandelte unsere Ehe in eine Farce.

Im Besonderen erinnere ich mich an einen Abend, der einen weiteren Wendepunkt für mich darstellte. Mein Ex-Mann verbrachte viele seiner Wochenenden mit seinem Hobby, das war seine Leidenschaft und ich unterstützte ihn nach Leibeskräften. Obwohl mich das Ganze nicht wirklich interessierte, fuhr ich immer mit und opferte auch meine Freizeit. Anfangs alleine, später dann auch mit unseren Kindern. Diese Unterstützung verschlang einen Großteil meiner und unserer Freizeit, aber ich verstand das als Teil meiner Aufgaben. Ich beobachtete seine Fortschritte, feuerte ihn an und fotografierte und filmte immerzu.

Ich weiß noch, dass er an einem Wochenende endlich einen besonders schwierigen Herausforderung schaffte. Da ich mich in genau dem Moment um unsere Kinder gekümmert hatte, hatte ich dies nicht direkt mitbekommen. Dennoch wollte ich ihm zeigen, wie sehr ich mich für ihn freute und lobte ihn, nahm ihn in den Arm. Aber mein Versäumnis war überpräsent für ihn. Mein Lob war ihm nicht genug. Meine Wertschätzung war ihm nicht genug. Nina hingegen wurde über seine Erfolge natürlich direkt informiert und noch an diesem Abend – wir waren, wie schon diverse Male zuvor, auf dem Weg zu unserem Club – erhielt er eine Nachricht von ihr, in der sie ihn überschwänglich lobte und ihm von Herzen gratulierte. Er nahm dies zum Anlass, mir vorzuhalten, dass ihr Verhalten viel besser sei als meines. Sie würde die besseren Worte finden, sie würde ihn mehr loben, ihn mehr verstehen. Sie böte ihm die Art von Unterstützung, die er sich eigentlich von mir wünschte und die ich ihm nicht geben konnte. Oder wollte? Er fragte konkret, ob ich mir nicht blöd vorkäme, dass ich nicht dazu in der Lage sei, ihn so zu unterstützen wie sie. Schließlich sei dies doch selbstverständlich und ich würde dabei völlig versagen.

Ich war wie vor den Kopf gestoßen. Ich hatte jahrelang ALLES getan, um ihm zu zeigen, dass ich sein Hobby ernst nahm und unterstützte, hatte sogar die Zeit mit den Kindern dafür geopfert und das alles war ihm dennoch nicht genug. Mehr noch, in seinen Augen hatte ich versagt. Völlig geknickt und wirklich verletzt ging ich mit ihm kurz danach in den Club und es kam zu den Ereignissen, die die letzte Nacht in einem solchen Etablissement einleiten sollten.

Zurück in unserer Ehe nahm Nina die Hauptrolle ein. Ich versuchte, um ihn zu kämpfen. Ich kniete weinend vor ihm. Nicht nur einmal. Unzählige Male. Es war so demütigend. Er sagte, er würde Nina höchstens sagen, dass ich das nicht aushalte, aber er selbst würde keinen Abstand von ihr nehmen wollen. Ich wollte einfach nur meinen Mann zurück. Aber das war nicht möglich.

**Ich wollte wirklich diesen Mann zurück? Nach all dem, was er mir angetan hatte? Oder was wollte ich eigentlich wirklich (zurück) haben? Und wieso war ich bereit, alles in Kauf zu nehmen, um irgendetwas (zurück) zu bekommen?**

Natürlich wollte ich nicht genau diesen Mann zurück, ich hatte nur einfach gehofft, dass es nach diesen Erlebnissen ein Zurück in mein Leben mit ihm gab. Außerdem hatte ich die Illusion, dass es ihm einfach irgendwann gut gehen würde und er mit mir glücklich sein könnte. Ich hatte zu dem Zeitpunkt schon so viel investiert, schon so viel von mir aufgegeben, dass ich nicht loslassen konnte. Denn wenn er dann glücklich geworden wäre – ohne mich – wäre dann nicht noch mehr verloren gegangen? Hätte ich dann nicht noch mehr verloren? Ich glaubte noch immer daran, dass es ewige Liebe sein könnte. Dass ich mit ihm alt werden könnte. Koste es, was es wolle. Schließlich hatten wir uns das ja geschworen und ich wollte den Schwur nicht brechen.

In seiner Zeit mit Nina steigerte er sich völlig in die BDSM-Welt hinein. Er kaufte alle möglichen Artikel, von Fesseln über Analplugs, Peitschen, Knebel, das ganze Programm. Immer wieder wollte er auch wissen, wie weit ich gehen würde. Ich habe mich fesseln und grob anfassen lassen, aber das war nichts für mich. Das fand er bedauerlich, ließ mich aber damit einigermaßen in Ruhe. Unser Sex musste allerdings immer härter und härter sein. Ich spürte nichts mehr von Liebe, Hingabe oder Leidenschaft. Auch Clubbesuche, die ja bis zu dieser einen Nacht noch immer stattfanden, endeten immer öfter in Streit und verbalen Auseinandersetzungen, weil ich immer alles falsch machte. Ich lebte wie in einem Film. Ich vertraute mich niemandem an, blieb mit meiner Wahrnehmung und meinem Leid alleine. Fiel jemandem außerhalb der Ehe unser gestörtes Beziehungsverhältnis auf, verteidigte ich ihn. Überall. Ich nahm ihn in Schutz, wo ich nur konnte. Aus heutiger Sicht ist es mir völlig unverständlich, wie ich noch immer daran glauben konnte, dass alles wieder gut werden könnte. Ich war zu diesem Zeitpunkt schon so weit weg von jeglicher Form von realistischer Wahrnehmung, dass jede Entscheidung, die ich traf, nur noch absurd sein konnte. Jegliche Farbe war aus meinem Leben verschwunden, alles war nur noch schwarz oder weiß.

Seine Gereiztheit konnte er auch in unserer Familie immer schlechter zurückhalten. Er merkte zwar, dass ich mich immer weiter von ihm entfernte, war aber gleichzeitig nicht bereit, etwas zu ändern. Immer öfter brachte ich ins Gespräch, dass er, oder auch wir beide, zu einem therapeutischen Gespräch gehen könnten, aber er wies solche Ideen rigoros ab. Er sei nicht krank, er habe kein Problem. Die Kinder hielt ich, so gut ich konnte, von allem fern. Ich weiß zwar, dass dies ein utopischer Wunsch war, aber ich hoffte wirklich, dass sie von unserer Ehekrise nur wenig mitbekamen.

Über die Jahre trafen sich Nina und mein Ex-Mann diverse Male, aber auch in dieser Beziehung – und nichts anderes war das zwischen den beiden – entwickelte er immer größeres Misstrauen und Kontrollzwänge. Da Nina einige Kilometer entfernt wohnte und dort auch Familie hatte, konnte er nicht dauerhaft kontrollieren, was sie ohne ihn machte. Alle ihre männlichen Bekannten waren ihm ein Dorn im Auge, er versuchte sogar, ihr Kontakte zu verbieten. Seine Eifersucht steigerte sich ins Maßlose. Und sein zunehmendes Misstrauen ließ er immer öfter auch an Nina aus. Einige Male konnte ich mit anhören, wie er sie am Telefon verbal attackierte, sie beleidigte und völlig heruntermachte. Auch Nina begann schließlich, sich ihm zu entziehen. Das machte ihn noch wütender. Nach und nach beendete Nina ihre Dom-Sub-Beziehung zu meinem Ex-Mann. Langsam und schleichend. Die beiden hielten noch eine ganze Weile lang losen Kontakt über das Handy, mal mehr und mal weniger, auch noch über meine Trennung zu ihm hinaus, aber ein Treffen zum Zweck der sexuellen Auslebung ihrer Wünsche fand nicht mehr statt. Mein Ex-Mann erzählte mir zu dieser Zeit, dass er auch mit Nina nicht zufrieden war. Auch sie habe ihn nicht vollends befriedigt, seine zunehmende Gereiztheit spiegelte das auch wieder. Ein weiteres Mal wurde mir klar, dass seine grundsätzliche Unzufriedenheit vor allem mit ihm zu tun hatte und dass auch ich mich bemühen konnte, wie ich wollte. Niemand würde ihn jemals wirklich glücklich machen können.

Was die beiden in unserem Keller über die Zeit hinweg veranstaltet haben, kann ich mir nur grob vorstellen. Ehrlich gesagt will ich mich da auch gar nicht reindenken. Zu Nina habe ich jedoch seltsamerweise den Kontakt gehalten und auch nach meiner Trennung viel über meinen Ex-Mann geredet und über das, was damals mit uns beiden gemacht wurde. Bis heute ist der Kontakt zwischen Nina und mir freundschaftlich. Auch sie will mir verständlicherweise nicht all die Dinge erzählen, die wirklich stattgefunden haben. Fest steht aber, dass sie sich für viele der Dinge schämt, die passiert sind. Denn auch sie hat ihm zuliebe Handlungen vollzogen oder mit sich vollziehen lassen, die sie selbst von alleine nie angestoßen hätte. Auch ihr Mann weiß bis heute nichts von der Affäre, die Nina über die ganze Zeit mit meinem Ex-Mann hatte. Von ein paar einschneidenden Erlebnissen erzählte sie mir jedoch in sehr wertvollen Gesprächen, die auch ihr dabei halfen, die Geschehnisse zu verarbeiten: In einem der späteren Treffen zwischen den beiden schlug er ihr beispielsweise vor, dass sie ein Video drehten. Seine Idee war dabei, dass er mit Theatermessern und Kunstblut ein Szenario kreieren wollte, in dem er Nina scheinbar in den Bauch stach, immer und immer wieder. Sie sollte dabei auch ihren Tod vorspielen und ihn damit als Mordenden definieren. Dies sei ein Video, welches er verwenden könnte, um sich auch in ihrer Abwesenheit zu befriedigen. Sie willigte ein. Ich kann mich erinnern, dass er mich vorher auch schon darum gebeten hatte, dieses Video mit mir zu drehen. Jedoch ging mir diese Vorstellung einfach zu weit. Ich war dazu nicht bereit. Er erzählte mir, dass er diese Fantasien schon bei seiner Ex-Partnerin hatte, bei der Mutter seines ersten Sohnes. Dass er immer wieder die Vorstellung gehabt hätte, sie abzustechen, sie auszuweiden. Ich lernte, dass es sogar eine eigene Sparte gab, die diesen Fetisch bedient. In sogenannten Belly-Stab-Filmen kann man sehen, wie Männer Frauen abstechen, sich dabei teilweise sexuell an ihnen vergehen. Dass ich mir mit ihm anschauen musste, wie Frauen während oder nach dem Sex zum Schein in die Bäuche gestochen wurden, war mir schon zu viel. Seine seltsame Affinität zu Bäuchen und zu Gewalt gegenüber Bäuchen war überpräsent. Ich selbst hatte hierzu mit ihm schon diverse Erfahrungen gemacht, nicht nur bei seiner anfänglichen Attacke, die ich als Albtraum abtat, sondern auch in vielen weiteren Situationen, die danach noch kommen sollten. Dass er parallel dazu diesen Film mit Nina gedreht hatte, erfuhr ich nicht von ihm, sondern erst Jahre später von ihr. Sie hatte das ihm zuliebe getan, weil er, seiner Aussage nach, mit mir niemals darüber auch nur hätte sprechen können und sie ihm deshalb diesen Wunsch nicht verwehren wollte. Ein weiteres Mal hatte er Menschen gegeneinander ausgespielt und manipuliert.

Die weitaus schlimmste Situation zwischen ihm und Nina war jedoch eine Szene, in der mein Ex-Mann über die vereinbarte Grenze ging und das Safeword von Nina als Mittel einsetzte, sie noch weiter zu erniedrigen. Ein Safeword war für ihre Sessions immer verabredet, seiner Meinung nach sei ein solches Wort jedoch unnötig. Sollte ihre Beziehung nicht auf Vertrauen basieren, würde er sie nicht gut genug kennen, ihre Grenzen einzuschätzen, besser zu kennen, als sie ihre Grenzen selbst kannte? Und so setzte er sie emotional unter Druck und sagte ihr klar, dass – sollte sie das Safeword benutzen – ihr Vertrauen auf einen Schlag zerstört wäre. Wenn sie also dieses Schutzwort sagte, würde er nicht nur die Session abbrechen, sondern auch ihre Beziehung. Diese sei dann ohne Vertrauen und das wäre die Basis, auf die er bestehe. Nina fühlte sich in die Ecke gedrängt, ließ sich jedoch auf seinen Standpunkt ein. In der darauffolgenden Session bedrohte er sie mit einem Messer, einem echten Messer und tat immer wieder so, als wollte er sie abstechen. Nina bekam tatsächlich immer mehr Angst, weinte, schluchzte und flehte ihn an, aufzuhören. Das vereinbarte Safeword sagte sie nicht aus Angst, ihn zu enttäuschen. Erst, als sie wirklich Todesangst hatte, benutzte sie das vereinbarte Wort und mein Ex-Mann ließ augenblicklich von ihr ab, band sie los und ließ sie einfach liegen. Er war nur noch wütend, beachtete sie nicht mehr. Im Nachhinein rechtfertigte er sein Handeln damit, dass er einmal testen wollte, ob es ihn erregen würde, wenn jemand wirklich Todesangst vor ihm hätte. Außerdem hätte sie ihm ja von Anfang an gesagt, dass er alles mit ihr machen dürfe. Für Nina war allerdings damit eine Grenze überschritten und ab diesem Zeitpunkt verlor sich ihre Beziehung immer mehr und mehr.

Als ich in der Vorbereitung zu diesem Buch mit der Frage beschäftigt war, ob ich meinen Ex-Mann anzeigen wollte, wandte ich mich auch an Nina, weil ich in ihr eine Verbündete sah. Ihre Aussagen hätten vor Gericht meine Schilderungen nicht nur unterstützt, sondern auch noch neue Anklagepunkte dazu gebracht. Doch Nina hat noch immer Angst vor meinem Ex-Mann. Neben der grundsätzlichen Struktur der Beziehung, die eine gewisse Unterwürfigkeit mit sich bringt, kommt außerdem noch dazu, dass nach ihrer Aussage ein Video existiert, welches mein Ex-Mann ohne ihre Einwilligung von einer ihrer Sessions gemacht hat. Dieses Video nutzt er, um sie zu erpressen. Ihrer Aussage nach sei er bereit, dieses Video an ihren Mann zu verschicken, sollte sie sich jemals über ihn oder die gemeinsamen Sitzungen gegenüber Unbeteiligten äußern. Und auch, wenn Nina sich keinem öffentlichen Verfahren aussetzen möchte, möchte sie in diesem Buch die Gelegenheit nutzen, ihre Perspektive aufzuschreiben.

> Nina: „Es war zuuu viel in jeglicher Hinsicht und es ging zuuu schnell. Ich lernte dich damals über den gemeinsamen Sport kennen. Wir waren einander sehr sympathisch, motivierten uns im Feed, überlebten gemeinsam die eine oder andere sportliche Challenge und hatten

einfach jede Menge Spaß zusammen. Zuerst nur virtuell, später dann auch im echten Leben, wenn ich bei euch war. Irgendwann drängte ‚ER' sich dann in diese Beziehung, sozusagen zwischen uns. Und manipulierte sich gekonnt seinen Weg.

Ich habe dich als einen unglaublich lieben Menschen kennengelernt, als jemanden, der hilfsbereit war, empathisch und die Menschen zu motivieren wusste und allein durch dich hatte ‚ER' bereits an Boden gewonnen. Denn ein Mensch wie du konnte doch nur mit einem ebenso empathischen Menschen zusammen sein. Davon war ich fest überzeugt. Und obwohl schon zu Beginn mein Bauchgefühl immer wieder Unwohlsein verlauten ließ, ignorierte ich es und ‚ER' nahm sich immer mehr, was ‚ER' für sich wollte und zum damaligen Zeitpunkt wollte ‚ER' mich.

Ich frage mich sehr oft, wie auch du, wie mir das alles passieren konnte, wie ich in all das hineingeraten konnte, aber ‚ER' hat mich mit Lügen und Manipulation geradezu überrannt. Hinzu kommen selbstverständlich auch meine eigenen Anteile; ich war aufgrund meiner Vergangenheit ein sehr unsicherer Mensch, gerade in Bezug auf meine äußere Wahrnehmung, ich trat gerne für andere ein, aber selten für mich, und ich versuchte stets, ein positives Umfeld zu schaffen. Des Weiteren fühlte ich mich damals in meiner Ehe nicht richtig gesehen und vor allem sexuell nicht angenommen. All das waren Anteile, die mich für ‚IHN' geradezu zum perfekten Objekt machten.

Ich komme wie auch du aus einem guten und gefestigten Elternhaus, Liebe und Respekt wurden täglich gelebt und Hilfsbereitschaft groß geschrieben. Ich hatte niemals Kontakt mit einem solchen Ausmaß an Lügen, Manipulationen und Bösartigkeiten. Diese Dinge waren mir fremd, es war mir fremd, dass es Menschen gibt, die andere Menschen nur als Objekte wahrnehmen, die keinen Funken von Anstand, Respekt oder Liebe in sich tragen. Menschen, die an Zerstörung Gefallen finden und die ohne Menschlichkeit agieren. Kurzum, es war mir fremd, dass es jemanden wie ‚IHN' gab.

Ich dachte, ich hätte es mit einem ganz normal fühlenden Menschen zu tun und genau daran hängte sich dann alles auf.

‚ER' setzte alles daran, die Dinge normal erscheinen zu lassen, und als er es nicht mehr konnte, als immer mehr Dinge keinen Sinn mehr ergaben, Lügen auffielen, Manipulationen erschreckende Ausmaße annahmen, da lief ich nicht weg, sondern da übernahm ich seinen Job. Ich sorgte für Erklärungen, suchte die Schuld bei mir, weil ein Teil von mir einfach nicht wahrhaben wollte, dass es solche Menschen wie ‚IHN' wirklich gab und dass so gut wie jedes Wort und jedes mir gegenüber geäußerte Gefühl gelogen und nichtig war. Ich war für ‚IHN' weder besonders noch liebenswert, noch sah er, wer ich wirklich war. Ich war nichts weiter als ein Objekt, mit dem er seine kranken, sexuellen Neigungen befriedigte, das er nach Lust und Laune kontrollierte, mit dem er neben seiner Ehe ein wenig herumspielte.

Ich hätte weglaufen müssen, und zwar so schnell, wie ich nur konnte, aber ich wollte oder konnte von meinem Status nicht weichen, ich wollte weiter etwas Besonderes für ‚IHN' sein, jemand Liebenswertes, und ich wollte, wie du auch, nicht eine weitere Enttäuschung für ‚IHN' sein, da er es im Leben ja schon immer ‚sooo unglaublich schwer' und immer nur Unrecht und Gewalt erfahren hatte.

‚ER' hielt mich in einem ständigen Gefühl von Schuld und Verantwortung und setzte ständig alles daran, mich emotional in Bewegung zu halten; ständig gab es Situationen, die geklärt und beruhigt werden mussten. ‚ER' fühlte sich nicht genügend gesehen, nicht genügend geliebt, nicht genügend sexuell angesprochen, also gab ich mehr, investierte mehr Zeit, mehr Worte und mehr Gefühle und doch war es niemals genug. ‚ER' war wie ein

Fass ohne Boden. Ich ging für ‚IHN' über meine sexuellen Grenzen, aber auch hier reichte es nie. Es musste immer härter sein, immer ausgefallener, immer verstörender. Tötungsfantasien waren an der Tagesordnung und bediente ich sie nicht, so war ich wertlos. Vielmehr beleidigte, demütigte und enttäuschte ich ‚IHN' mit meinem Verhalten. Immerhin habe es ‚IHN' einen immensen Kraftaufwand gekostet, sich mit diesen Fantasien an mich zu wenden, und dieser Kraftaufwand musste jedes Mal selbstverständlich entschädigt werden. Mich zu verweigern ging sofort mit emotionalem Entzug einher, immerhin zeigte ‚IHM' diese Verweigerung auf, dass ich ‚IHM' nicht genügend vertraute, ‚IHN' nicht genügend respektierte, ‚IHN' nicht genügend liebte und ich wie alle Menschen in ‚SEINEM' Leben eine einzige Enttäuschung sei. Also lieferte ich, denn eine weitere Enttäuschung wollte ich nicht sein und ich lieferte trotz überschrittener Grenzen, Respektlosigkeiten, emotionaler Gewalt und wüster Beschimpfungen.

‚ER' hatte mich bereits zu einem Teil seiner irren Weltanschauung gemacht, zu einem Objekt seiner krankhaften, sexuellen Störung und ich ging immer noch nicht, sondern blieb, weil mein verdrehtes Gehirn dachte, dass diese Art des Kontakts immer noch besser wäre als gar kein Kontakt. Er hatte mich von sich abhängig gemacht und ich hatte Angst, ‚IHN' zu verlieren, ‚ER' war meine Droge zur damaligen Zeit.

Jetzt, mit jeder Menge Abstand und Wissen, mit jeder Menge Liebe für mich selbst, bin ich fassungslos und entsetzt über diese Entwicklung und Verwirrung. Jetzt erst kann ich sehen, was ‚ER' ist und was ‚ER' eben nicht ist. ‚ER' hat sich dazu entschieden, all seine Menschlichkeit abzustellen. Ich weiß, dass er dies tat, um sich vor all dem Schmerz in seinem Leben zu schützen. Aber es war ‚SEINE' Entscheidung. Ja, ‚ER' war Opfer, aber

> nun ist ‚ER' Täter und für seine Taten gibt es keine Entschuldigung.
> Zum Schluss möchte ich sagen, dass ich unglaublich froh bin, dass wir ‚IHN' aus unserer Mitte wieder verdrängen konnten und dass unsere Freundschaft immer noch Bestand hat und sogar fester geworden ist. Du bist eine wundervolle Frau, Carlotta, und ‚ER' hat dich nicht gebrochen. Du verfügst über eine Stärke, die bewundernswert ist und es ist genau wie du schreibst: Du und deine Jungs haben ein Leben ohne Gewalt verdient! Ihr habt Respekt und Liebe verdient, und zwar an jedem einzelnen Tag eures restlichen Lebens! Und ich möchte mich an dieser Stelle entschuldigen für all die Schmerzen, die ich dir verursacht habe. Denn nichts liegt und lag mir jemals ferner, als Menschen, die ich in meinem Herzen habe, zu verletzen."

Ich hegte nie Groll gegen Nina, ich mochte sie damals und mag sie auch heute sehr. Ich sah sie nie in der Verantwortung, ich war zu sehr Opfer meines Ex-Manns, als dass ich sie in die Verantwortung hätte nehmen können. Uns beiden wäre Leid erspart geblieben, hätte ich von Anfang an gesehen, dass Nina auch Opfer war, dass wir beide Opfer waren.

## Kapitel 6 – Alles für die Familie

Wie ich bereits erwähnte, war für mich von Anfang an klar, dass ich eigene Kinder haben wollte. Mit seinem Sohn aus der vorherigen Beziehung kam ich wunderbar klar. Wir hatten ihn dauerhaft zu uns genommen, als er sechs Jahre alt war und in die erste Klasse eingeschult wurde, aber ich sehnte mich danach, selbst Mutter zu werden. Ich sah mich in meiner Vorstellung in der Mutterrolle angekommen und so konfrontierte ich meinen Ex-Mann bald darauf mit dem Wunsch, noch weitere Kinder zu bekommen. Ich war Mitte 20 und er war knapp über 30 und für ihn war die Antwort auf diese Frage eindeutig. Er wollte das alles nicht. Er hatte seinen ersten Sohn aus tiefstem Herzen gewollt und war mit der Familienplanung durch. Sein Hauptargument dagegen war, dass er so viele schlechte Erfahrungen mit seiner Partnerin und Mutter seines Sohnes hatte, dass er durch die „Hölle" nicht noch einmal gehen wollte. Ich konnte aber nicht einfach loslassen, immer wieder suchte ich das Gespräch. Schließlich einigten wir uns auf den Kompromiss, dass ich mich hauptsächlich um unsere Kinder kümmern und dafür auch weniger arbeiten gehen sollte. Er würde sich weitestgehend aus der Erziehung raushalten, so wären die Rollen klar verteilt. Da ich mich ohnehin nicht als vollberufstätige Mutter sah, kam mir dieser Kompromiss sehr entgegen.

Ein paar Monate nach unserer Hochzeit wurde ich dann tatsächlich schwanger. Mein Ex-Mann war während der Schwangerschaft sehr fürsorglich, umsorgte mich sehr liebevoll. Er verzichtete auf Alkohol, stand mir zur Seite und wollte mir zeigen, dass er hinter dieser Entscheidung stand, die wir zusammen getroffen hatten. Für mich fügte sich mein Wunsch reibungslos in meinen Alltag ein. Ich hoffte wohl, dass ich seine Meinung zu weiteren Kindern nachhaltig verändert hatte und dass er sich ebenso auf unser erstes gemeinsames Kind freute wie ich. Heute weiß ich, dass seine Fürsorge auch daher kam, dass er mich nicht verlieren wollte. Mit tief empfundener Freude hatte das alles aber nichts zu tun. Tatsächlich konnte er mir später bei großen Streits sogar vorhalten, dass er mich in meinem Kinderwunsch stets unterstützt hatte, obwohl er doch nie weitere Kinder gewollt hatte. Er verstand es sogar, aus dieser lebensverändernden Situation später noch Vorwürfe abzuleiten und gegen mich zu verwenden. Als ich 28 war, kam unser erster gemeinsamer Sohn auf die Welt. Mein Ex-Mann freute sich zwar über die unproblematische Geburt, überließ die Fürsorge aber von Anfang an fast ausschließlich mir. Mir gegenüber argumentierte er, dass er mit seinem ersten Sohne die Säuglingsphase ja schon einmal erlebt hatte und mir dieses Glück überlassen wollte. Aber sogar bei den kleinsten Hilfen, wie Windeln wechseln zog er sich zurück, musste würgen und überließ mir alle Aufgaben. Insgesamt war die Situation für mich relativ entspannt. Unser Sohn war ohnehin wahnsinnig anhänglich und konnte sich nur sehr schwer von mir lösen. Das gesamte erste Jahr lebte er mehr oder weniger auf meinem Arm. In unserer Beziehung lief auch im Ehebett alles normal weiter, nur dass er mir nach der Geburt immer öfter die Idee einpflanzte, wieder mehr meinen geheimen Wünschen und sexuellen Fantasien nachzugehen. Als mein Sohn knapp ein Jahr alt war, hatte ich das erste Mal geplanten Sex mit einem anderen Mann in unserer Wohnung.

Auch als unser Sohn älter wurde, übernahm mein Ex-Mann nicht nur keinerlei Aufgaben, sondern verbrachte auch erstaunlich wenig Zeit mit seinen Söhnen. Seine Hobbys standen in jedem Fall im Vordergrund. Vor allem seine Leidenschaft für den Motorsport nahm einen gewaltigen Teil unserer Freizeit ein. Ich fuhr mit ihm zu all den Trainings und Veranstaltungen, die immer am Wochenende stattfanden. Unsere Söhne fuhren immer mit und wuchsen damit auf. Die Zeit, die er in den Pausen und Zuhause mit uns und vor allem mit seinen Jungs hätte verbringen können, verbrachte er in seiner Werkstatt und pflegte sein Equipment. Die Hobbys seiner Söhne standen immer hinten an. Beispielsweise war klar, dass keiner in einen Fußballverein oder ähnliches eintreten durfte, da diese Turniere oder Trainings ja auch oft am Wochenende stattfinden könnten und sein Hobby eindeutig Vorrang hatte. Schließlich sei dieses schon vorher da gewesen und er wäre nicht bereit, darauf zu verzichten. Meine Rolle war es, ihn beim Motorsport zu unterstützen und ihn anzufeuern. Außerdem machte ich Fotos und half ihm mit allem, was bei diesem Hobby anfiel. Natürlich verschlang es auch einiges an Geld, doch hätte ich das niemals in Frage gestellt. Fiel am Wochenende wegen schlechtem Wetter eine Veranstaltung aus oder war die Saison vorbei, schauten wir uns die Profis im Fernsehen an. Und immer waren diese Situationen Anlass dafür, sich richtig zu betrinken. Immer öfter kam es dann auch zu Streitigkeiten mit ihm. Ich tat das meist als Gereiztheit ab und versuchte, Verständnis zu zeigen. So verging die Zeit und drei Jahre nach der Geburt unseres ersten gemeinsamen Sohnes war ich ein zweites Mal schwanger. Erneut erlebte ich meinen Ex-Mann als fürsorglichen Partner. Er verzichtete erneut auf Alkohol, mit Ausnahme einer Nacht, als sein Cousin zu Besuch war. Mit 31 wurde ich zum zweiten Mal Mutter eines Sohnes. Auch hier ließ mich mein Ex-Mann mit den Kindern und den Aufgaben, die entstanden, allein. Auch waren der Haushalt und alle Tätigkeiten, die dort anfielen, meine Aufgabe. Ich saugte, putzte, umsorgte die Kinder, kaufte ein, kochte, spülte, wusch die Wäsche und übernahm auch die ganzen bürokratischen Aufgaben, die zuhause und für die Kreativwerkstatt anfielen. Als unser zweiter gemeinsamer Sohn ein Jahr alt war, ging ich, ähnlich wie bei meinem ersten Sohn, wieder für ein paar Stunden in der Woche arbeiten. Unsere Stimmung innerhalb der Familie veränderte sich immer mehr. Mein Ex-Mann wurde zunehmend gereizter, wenn etwas nicht auf Anhieb funktionierte. Auch sah er sich unter Druck gesetzt, dass er das ganze Geld für die mittlerweile fünf-köpfige Familie erwirtschaften musste. War ich dieses Verhalten bereits nach der Geburt unseres ersten Sohnes gewohnt, bekamen die Situationen nun eine neue Schärfe. Neben den verbalen Attacken kamen unter Alkoholeinfluss auch hin und wieder körperliche Angriffe dazu, die zwar noch keine blauen Flecken hinterließen, mich aber in meiner Rolle als Frau in der Ehe klar unterwerfen sollten. Immer, wenn er völlig gestresst war, musste ich mir anhören, dass er die Kinder ja gar nicht hätte haben wollen. Dass die Kinder und auch der Haushalt und alles, was dazu gehörte, meine Aufgaben seien. Ich bildete mir ein, dass diese Eskalationen von den Kindern nicht gehört oder anders wahrgenommen wurden. Heute weiß ich aber, dass das nicht der Fall war. Ein Kind spürt, ob es gewollt ist oder nicht, und das Verhalten meiner Söhne heute zeigt mir, dass diese Zeit tiefe Narben hinterlassen hat.

> Dani: „Du wusstest von Anfang an, dass er die Kinder nicht haben wollte, und hast dich dennoch durchgesetzt. Hast du wirklich gedacht, dass du damit so einfach durchkommst? Er war WIRKLICH sehr dagegen und du hast dich über seine Wünsche und Ängste hinweggesetzt. Ich will ihn nicht in Schutz nehmen, Carlotta, aber hast du wirklich erwartet, dass er klein beigibt und schon alles gut wird?"

Für mich war die Entscheidung von Anfang an klar; ich wollte unbedingt eigene Kinder haben. Ob ich auch Kinder bekommen hätte, wenn er nicht eingewilligt hätte, weiß ich nicht. Wahrscheinlich wäre die Ehe nach kurzer Zeit zerbrochen, weil ich mich nie wirklich vollständig gefühlt hätte. Aber in der damaligen Situation wollte ich das natürlich nicht wahrhaben. Er war ja mein Traummann. Und ich wollte mit ihm zusammen eine glückliche Familie haben. Ich fühlte mich einfach ohne leibliche Kinder nicht komplett und äußerte das immer wieder. Das war bestimmt naiv, aber ich hatte das klischeehafte Bild von einer glücklichen Familie mit Kindern im Kopf. Und ich sah in diesem Bild mich, die Kinder und ihn. Mit Sicherheit war das auch ein Stück Egoismus. Das würde sich schon alles fügen, dachte ich mir und ja, ich überging seine Wünsche!

In unserem fünfköpfigen Familienleben erlaubte mir mein Ex-Mann nicht, gestresst zu wirken. In meinem Alltag sollte ich mich nicht so anstellen, ich sollte „springen" und „schuften", es wäre ja meine Entscheidung gewesen, ich hätte das so gewollt. Also sollte ich das jetzt auch „gefälligst" alles so erledigen. Wenn ich wagte, zu zeigen, dass ich nach einem harten Tag auch müde war, wurde er erst recht sauer. Auf Verständnis konnte ich gar nicht hoffen, auch, als ich ihn in manchen Situationen um Geduld und Entgegenkommen bat. Eine Umarmung wurde mir verweigert, weil er mich gestresst nicht ertragen konnte. Ich sei doch selbst an allem Schuld und ich hätte den Job oder die „Drecksgören" ja gewollt. Ich hätte sie ihm schließlich „aufgeschwätzt". Das war unfassbar schmerzhaft. Wenn ich ihn fragte, warum er denn überhaupt eingewilligt hätte, mit mir Kinder zu bekommen, sagte er mir, dass er gewusst hätte, dass ich ihn sonst verlassen würde. Die Ausbrüche wurden immer schlimmer, immer lauter. Er warf mir immer mehr Beleidigungen und Beschimpfungen an den Kopf. Die kleinesten Auslöser führten zu schlimmen Streits. Die Kinder waren dann meist schon in ihren Betten, aber die Diskussionen waren so laut, dass sie alles mitbekommen haben müssen.

**Und warum bin ich nicht gegangen? Spätestens als ich bemerkte, dass die Kinder in Mitleidenschaft gezogen wurden? Warum war noch nicht mal da die Grenze erreicht? Waren mir die Kinder weniger wichtig als mein Bild von einer glücklichen Familie? Und wenn ich schon keinen Schlussstrich ziehen konnte, warum habe ich mich nicht mal meinen Freundinnen anvertraut?**

Ich schämte mich, dass ich nicht die Familie hatte, die ich mir immer gewünscht habe. Ich habe so sehr daran festgehalten, mir eingeredet, dass die Streitigkeiten irgendwann vorbei seien und er zur Einsicht komme, dass es ihm irgendwann besser gehen würde und dass wir dann das würden, was ich immer wollte. Und ich spürte zwar, dass die Situation insgesamt nicht gut war, ich hatte sogar körperliche Beschwerden – Bauchschmerzen, die immer dann entstanden, wenn ich wusste, dass es wieder zu einer Konfrontation käme. Aber in meiner Vorstellung konnte ich das Erleben dieses Stresses nicht umfassend darauf übertragen, dass die Kinder das auch spüren konnten. Für sie nahm ich mir irgendwie immer besonders viel Ruhe und Geduld und entwickelte kreative Ideen, wie ich die Zeit mit ihnen verbringen konnte, so dass ich damit mein unbewusstes schlechtes Gewissen beruhigen konnte. Ich weiß jetzt, dass ich auf all diese kleinen Stiche in meinem Herzen hätte hören sollen. Es gibt in manchen Situationen KEINE Kompromisse. Wenn das Herz schmerzt, so müssen Konsequenzen daraus gezogen werden, und zwar schon beim kleinsten Zweifel an einer Situation. Das ist mir JETZT klar. Alles andere ist ein Sich-selbst-belügen und -betrügen. Nichts anderes. Ich weiß leider nicht mehr, wann ich anfing, nicht mehr auf meinen Schmerz zu hören, mir nichts mehr wert zu sein. Ich dachte, dass es vorbei ginge, dass es nicht immer so bleibe, weil ich meine Augen nicht öffnen wollte oder konnte.

Mit zwei leiblichen Kindern und einem Jungen in der Pubertät waren die Partyabende, die mein Ex-Mann und ich mal mit, mal ohne Freunde an den Wochenenden feierten, zwar oft noch immer relativ lustig, aber da ich immer müder und schwächer wurde, konnte ich nicht mehr so oft mithalten. Ich war für ihn nicht mehr die spaßige, partyliebende junge Frau. Oft überredete er mich, dass man auch mit den Kindern zusammen feiern könnte. Dann durften sie sich eine Cola nehmen und Chips und wir tanzten bis in die Nacht. Das machte zwar auch viel Spaß, aber der Alkohol spielte für ihn eine immer wichtigere Rolle. Irgendwann war ich dann nicht mehr dazu bereit, all das mitzutragen. Unsere drei Kinder, der Haushalt, die Büroaufgaben, dazu kamen die immer pflegebedürftiger werdenden Schwiegereltern, mein Job, meine Pferde, meine Liebe zur Musik – das alles war so viel, dass ich ihm nicht mehr gerecht werden konnte. Und er ließ es mich spüren. Immer und immer mehr. Statt irgendwie auf mich einzugehen, fing er an, ohne mich zu trinken, laut Musik zu hören und angetrunken durch die Wohnung zu laufen. Auch wenn ich es nicht so toll fand, dass er vor den Kindern immer öfter betrunken war, hielt ihn das nicht ab. Es waren teilweise keine gemeinsamen Aktivitäten an den Wochenenden möglich, weil er schon vormittags betrunken war. Ich verteidigte sein Verhalten vor den Kindern, entschuldigte ihn, wenn wir als Familie irgendwo eingeladen waren, rechtfertigte sein Trinken mit Stress in seinem Alltag. Und so landete ich, ohne dass ich das bewusst bemerkte, von der Co-Abhängigkeit zu einem Borderliner in die Co-Abhängigkeit zu einem alkoholkranken Menschen.

Auch seine Eltern wurden immer mehr zu einer Belastung. Von Anfang an erfuhr ich keine Unterstützung durch sie. Wohnten wir ganz zu Beginn unserer Beziehung noch im Keller des Dreifamilienhauses seiner Eltern, baten wir sie, als ich schwanger war, darum, eine der Wohnungen auf Eigenbedarf zu kündigen. Sie weigerten sich mit der Begründung, dass man ja bei den „neumodischen Beziehungen" nicht mehr wüsste, wie lange das noch ginge und sie doch dafür keinen sicheren Mieter vor die Tür setzen würden. Erst als der Ehemann der Mieterfamilie zwei Jahre später starb – wir wohnten übergangsweise in der Nachbarschaft – durften wir die Wohnung beziehen. Anschließend bauten wir unsere alte Wohnung im Keller in seine Kreativwerkstatt um. Doch die Sticheleien gegen uns als Familie und gegen meinen Ex-Mann wegen seines „offensichtlichen Versagens" blieben immer bestehen.

War ich in meinem Alltag durch die Versorgung der Kinder, meinen Nebenjob und den Haushalt schon sehr gefordert, nahm die Versorgung meiner pflegebedürftigen Schwiegereltern einen immer größeren Raum ein. Beide waren schon fast 80 Jahre alt, als ich mit 26 zu meinem Ex-Mann zog. Ich beobachtete und durchlebte über Jahre hinweg den typischen schleichenden Prozess, den ältere Menschen zu einer Pflegebedürftigkeit hin durchlaufen. Anfänglich ging ich nur ab und zu für sie mit einkaufen. Später übernahm ich fast den gesamten Haushalt und putzte, wusch, saugte in zwei Wohnungen. Mein Ex-Mann erklärte sich dazu bereit, zumindest hin und wieder auch zu helfen und zum Beispiel den Einkauf zu übernehmen. Der gesamte bürokratische Apparat, den man zur Feststellung einer Pflegestufe und Übernahme einer Betreuung durchlaufen musste, blieb an mir hängen. Und damit auch die Verantwortung. Oft genug konnte ich die Aufgaben nicht zu seiner vollen Zufriedenheit erledigen. Stellte der Pflegedienst zum Beispiel fest, dass für die Mutter vielleicht mal ein Frisör kommen könnte, ließ mein Ex-Mann seine Frustration darüber an mir aus. Es sei peinlich, wie wenig ich mich um das Wohl seiner Eltern kümmern würde und dass er durch mein Zutun in solche Situationen käme, in denen er fremden Menschen erklären müsste, warum wir uns nicht ausreichend sorgen würden. Dabei war der Pflegedienst wirklich außerordentlich nett und kommunizierte letztlich nur Dinge, die eben im Alltag anfielen – Windeln holen, Termine ausmachen, einen neuen Antrag stellen. Ich sollte immer mehr und mehr übernehmen; kochen, Medikamente verteilen, das Frühstück herrichten. Je mehr ich übernahm, so war seine Argumentation, desto weniger müsste ein Pflegedienst bemüht werden. Mein Arbeitsalltag begann um kurz vor fünf Uhr morgens. Ich ging in den Stall und mistete bei den Pferden, dann bereitete ich das Frühstück für meine Schwiegereltern in ihrer Wohnung vor. Anschließend machte ich das Frühstück und die Schulbrote für meinen Mann und meine Kinder und weckte sie dann. Nach dem gemeinsamen Frühstück machte ich die Kinder für die Schule und den Kindergarten fertig, mein Ex-Mann spielte zu der Zeit am Handy oder lag wieder im Bett. Den gesamten Vormittag blieb er zu Hause und beschäftigte sich mit Videospielen, machte Sport und bestand nach dem Mittagessen um halb zwölf auf seinen Mittagsschlaf bis dreizehn Uhr. Anschließend ging er in die Werkstatt und ließ mich mit dem Haushalt und den anderen Verpflichtungen in der Wohnung zurück. In der Zwischenzeit ging ich meinem Nebenjob nach und kümmerte mich um die ganzen bürokratischen Abläufe. Und immer wieder brauchten seine Eltern mehr. Erst als er merkte, dass ich schon rein zeitlich nicht mehr dazu in der Lage war, die ganzen Angelegenheiten für sie zu erledigen, musste er sich auch kümmern. Nach und nach übernahm er kleine Aufgaben und der Pflegedienst kam dann doch öfter. Der psychische Druck nahm jedoch zu. Seine Eltern waren niemals zufrieden, forderten mehr Aufmerksamkeit ein. Sie beschimpften meinen Ex-Mann, mich, sogar unsere Kinder. Ich erinnere mich daran, wie sie immer und immer bemüht waren, allen zu beweisen, dass sie noch sehr wohl dazu in der Lage wären, alles alleine zu schaffen. Entsprechend katastrophal war die Situation dann meistens schon, wenn tatsächlich Hilfe von Nöten war. So lag meine Schwiegermutter beispielswiese schon über einige Stunden in ihren eignen Exkrementen, weil sie nicht mehr alleine aufstehen konnte und auch niemandem Bescheid gesagt hatte. Auch der Nothilfeknopf wurde dauerhaft abgelehnt. Als ich aber dann in die Wohnung ging, um ihr aufzuhelfen und sie sauber zu machen, wurde ich beschimpft, dass ich nie da sei und dass sie alles alleine machen müssten. Sie schrie mich an, während ich ihre Scheiße in den Händen hielt. „Wenn man euch mal wirklich braucht, seid ihr nicht da. Sieht man ja." Schafften wir es tatsächlich mal, ein paar freie Stunden zu haben und zu Freunden zu fahren, konnten wir sicher sein, dass sie uns anriefen und schreiend einforderten, dass wir zurückkämen.

> Steffi: „Mein Mann und ich feierten unseren zehnten Hochzeitstag und wir gingen zu diesem Anlass in ein etwas feineres Restaurant. Natürlich warst du eingeladen. Als du mir sagtest, dass auch dein Ex-Mann mitkommen wollte, freute ich mich fast, weil ich dachte, dass ihr euch in eurem stressigen Alltag mal Zeit für euch nehmen konntet. Allerdings hatte ich ihn schon seit Jahren nicht mehr gesehen und fragte mich, ob wir überhaupt

miteinander klarkämen. Als meine Familie im Restaurant eintraf, kam von dir per Handy die Nachricht, dass sich eure Ankunft deutlich verspäten würde, weil noch was im Haus zu erledigen sei. Fast eine Stunde später kamst du mit deinem Ex-Mann durch die Tür und die Freude war riesig. Allerdings bemerkte ich sofort, dass du deutlich abgenommen hattest und nach meinem Empfinden fast zerbrechlich wirktest. Ihr saßt keine zehn Minuten am Tisch, als das Telefon klingelte und dein Ex-Mann zuerst leise, dann immer lauter werdend telefonierte. Schließlich legte er auf, sprach kurz mit dir und ich konnte sehen, dass du völlig blass wurdest. Du kamst zu mir und sagtest mir unter Tränen, dass ihr wieder fahren müsstet, da dein Schwiegervater so viel Lärm machen würde, weil ihr nicht da seid und dass ihr nach ihm schauen müsstet. Die Idee, dass ja dein Ex-Mann alleine fahren könnte und wir dich dann am nächsten Tag nach Hause bringen könnten, wurde von dir sofort verneint. Ich sah eine Frau, die völlig in sich zusammengesunken und kurz vorm Aufgeben war. Ich machte mir große Sorgen. Auch nachdem ihr gegangen wart, war deine Erscheinung noch lange Thema am Tisch. Im nachfolgenden Telefonat ein paar Tage später relaviertest du alles und hast sogar darüber gelacht. Ich weiß, dass ich dich fragte, ob alles in Ordnung sei oder ob du Hilfe bräuchtest, aber du hast diese Hilfe abgelehnt. Es sei zwar ab und zu ein bisschen stressig und die Schwiegereltern seien ätzend, aber sonst sei alles tip-top, vor allem dein Ex-Mann sei dir eine große Hilfe. Das beruhigte mich und ich war mir wieder einmal sicher, dass du dich sicher melden würdest, wenn etwas völlig schief lief."

Mein Schwiegervater verstarb mit knapp über 80 Jahren und machte die Pflegesituation für uns ein wenig einfacher. Aber auch in den verbleibenden vier Jahren unserer Ehe verstand meine Schwiegermutter es hervorragend, uns das Leben zur Hölle zu machen.

Mein Ex-Mann wuchs mit diesen Eltern auf. Er wuchs aus meiner Sicht ohne jegliche Liebe, Fürsorge oder Wertschätzung auf. Auch erfuhr er körperliche Gewalt, schlimmer empfand er jedoch die fortwährende Ablehnung und emotionale Gewalt. Seine Traumata sind jedoch NICHT Gegenstand dieses Buches und sie sind auch nicht meine Geschichte. Natürlich kann ich verstehen, dass man aus einer solchen gewaltvollen Kindheit nicht zwangsläufig gesund hervorgehen muss, aber er setzte sich auch niemals mit seiner Geschichte auseinander oder arbeitete diese auf. Stattdessen übertrug er seine Erfahrungen und die daraus erwachsenden Bedürfnisse und Vorstellungen auf seine Kinder und auf mich. Das macht ihn zum Täter und das IST Gegenstand dieses Buches.

Mittlerweile weiß ich, dass mein Ex-Mann seine Mutter nach unserer Trennung in ein Heim gegeben hat. Ob sie noch lebt, weiß ich allerdings nicht.

## Kapitel 7 – Gewalt

Die erste tatsächliche Konfrontation mit gewaltvollem Verhalten hatte ich in der Nacht, als er mir aus „einem Albtraum heraus" in den Bauch schlug. Zu dem Zeitpunkt wohnten wir ja noch nicht einmal zusammen. Aber in den folgenden Jahren kam es immer öfter zu Momenten, in denen ich Gewalt ausgesetzt war – emotionaler und körperlicher Gewalt. Der jahrelange emotionale Missbrauch war schon Gegenstand der vorausgegangenen Kapitel und zog sich letztlich durch die ganze Beziehung und Ehe. Aber mein Ex-Mann wurde auch körperlich übergriffig und so, wie die anderen Situationen schleichend kamen, kamen auch die physischen Misshandlungen nach und nach.

Das genaue Datum des ersten tatsächlichen Übergriffs kann ich nicht mehr genau bestimmen, ich weiß, dass meine beiden leiblichen Söhne bereits auf der Welt waren und die Vorwürfe darüber sich immer mehr häuften. Gestresst und überfordert vom Alltag war mein Ex-Mann schon seit Jahren und diesen Stress lud er immer eins zu eins auf mich ab. So war ich es ohnehin gewohnt, auf sprichwörtlichen Zehenspitzen durch unseren Alltag zu schleichen. Aber die zunehmende Belastung gefiel ihm auch aus dem Grund nicht, dass er mit mir nicht mehr so feiern konnte, wie er es gewohnt war. Zwar versuchten wir, uns die Wochenenden freizuschaufeln und tranken dann ein bisschen Alkohol. Der Ablauf ab diesem Zeitpunkt war dann aber immer öfter erschreckend gleich: Wir fingen an mit wirklich tiefgründigen Gesprächen über unser Leben, über Freunde, über alles, und dann passierte es. Es waren kleine, unbedeutende Versprecher oder Missverständnisse, die ihn völlig zornig werden ließen. Berichtete ich ihm vom gelben Auto des Nachbarn, war er sauer, weil das Auto doch rot sei und ich ihm absichtlich nicht die Wahrheit sagen würde. Erzählte ich ihm spaßigerweise davon, wie „dumm" etwas gelaufen war, behauptete er, dass ich <u>ihn</u> dumm genannt hätte. So gab es immer mehr Trigger, die ihn ausrasten ließen. Und war mein Ex-Mann einmal in seinem Zorn, gab es keine Chance, dass er aus der Situation herauskam. Der Alkohol tat sein Übriges und ließ ihn völlig eskalieren. Beschimpfungen wie „dumme Fotze", „Dreckshure" oder „Schlampe" gehörten dann zur Routine. Laut hat er geschrien, immer so laut. Und noch schlimmer wurde es, wenn ich dann weinen musste. Dann schrie er, dass ich „Sau" endlich die Fresse halten solle, weil er wisse, dass ich wegen ihm weine und er das nicht ertragen wolle. Dabei hatte er mir doch ganz am Anfang versprochen, dass er niemals der Grund dafür sein wollte, mich weinen zu sehen.

Oftmals gingen wir dann recht schnell ins Bett und schliefen – immer noch wütend oder völlig verzweifelt – nebeneinander ein. Manchmal weckte er mich ein paar Stunden später und wollte mit mir schlafen. Wenn ich mich dagegen sperrte, weil ich emotional noch immer völlig aufgewühlt war, gingen die Beschimpfungen weiter. Er fühlte sich zurückgewiesen und dass ich mich ihm entziehen wollte. Da er ohnehin eigentlich nur dann die Initiative für Sex ergriff, wenn er betrunken war (darüber hinaus musste ich immer den ‚Startschuss geben' – seine Angst vor Ablehnung war auch hier zu groß), machte er mir in solchen Momenten noch mehr Vorwürfe, weil er sich von mir abgelehnt fühlte und er sich das von „dieser Schlampe" nicht bieten lassen wollte. Wenn ich ihn fragte, warum er mich so beschimpfte, wo ich doch seine Ehefrau sei und er mich doch angeblich so liebte, bekam ich keine Antwort. Oft geschah es aber, dass er wieder sauer wurde und die Beleidigungen von vorne losgingen.

**Warum bin ich nicht gegangen? Im Ernst? Der Alltag wurde immer unerträglicher, ich war völlig überfordert und die privaten Situationen, die ich mit meinem Ex-Mann**

**noch teilte, waren überschattet von Gewalt. Warum bin ich nicht gegangen?**

Ich ging nicht, weil er es nach einer Eskalation immer schaffte, mir zu verkaufen, dass es ihm mit diesen Situationen viel schlechter ginge als mir. Er schien so hilflos, so bemitleidenswert. Hatte er in der Nacht zuvor getrunken und die Situation zwischen uns war eskaliert, war er am nächsten Morgen meist auch wieder nüchtern und verhielt sich wieder „normal". Er konnte es abtun, als sei er gar nicht er selbst gewesen, als gäbe es eine Art Monster in ihm, welches er aber nicht wirklich sei. Immer wieder schaffe er es, mir danach weis zu machen, dass diese Ausrutscher nicht mehr vorkommen würden, dass er doch so eine schwere Kindheit gehabt hätte und dass dies sein Verhalten auslösen würde. Aber ER sei kein Monster. Auch führte er an, dass die Mutter seines ersten Sohnes ihn in ihrer gemeinsamen Beziehung so fertig gemacht habe. Deshalb würden ihn schon kleinste Bemerkungen triggern und er würde dann die Kontrolle an das Monster verlieren. Ich glaubte darüber hinaus immer noch, dass wir irgendwann wieder ganz normal feiern und miteinander umgehen könnten. Und für die Zeit bis dahin übte ich mich in Geduld und Verständnis. Und ich nahm seine Ausbrüche einfach hin.

Mit drei Jungs an meiner Seite versuchte ich mit Biegen und Brechen die Familie zusammen zu halten, jeden Stress von ihm fern zu halten, so dass sich endlich alles entspannen könnte. Aber ich konnte es gar nicht schaffen. Heute weiß ich, warum ich nur versagen konnte. Ich war trotz aller Bemühungen nicht dazu in der Lage und werde es auch nie sein, eine Persönlichkeitsstörung zu heilen. Im Besonderen nicht, wenn jemand sich gar nicht heilen lassen will. Ich wusste ja auch gar nicht, dass er krank war. Ich glaubte, ein individuelles Leben mit individuellen Problemen zu führen. Mir war nicht bewusst, dass seine Ausbrüche symptomatisch für seine psychischen Störungen waren und sind. <u>Aber selbst, wenn eine solche Diagnose steht, entbindet ihn das nicht von seiner Schuld! Zusätzlich war es bei ihm noch nicht mal so, dass er eine Krankheit überhaupt in Betracht zog, und daher gilt die Feststellung, dass er krank ist, keinesfalls als Ausrede, Begründung oder Rechtfertigung!</u>

Irgendwann schaffte ich es immer weniger, all diese Anspannungen von den Kindern fern zu halten. Wir mussten den Papa immer öfter bei Familienfeiern entschuldigen, weil es ihm „nicht so gut" ginge. Das war jedes Mal eine Überwindung, wenn meine Oma oder meine Tanten nach ihm fragten und ich mir immer neue Ausreden ausdenken musste. Die Kinder entwickelten einen Sinn dafür, dass er immer von allem gestresst war, und ließen ihren Vater meist in Ruhe, denn sie wollten selber nicht zur Last fallen. In der Regel klappte das auch ganz gut und ich konnte den Tag über mit meinen Kindern in Harmonie verbringen. Aber er und unsere Rücksicht auf ihn nahmen viel Zeit in Anspruch. Und der Fokus auf ihn lenkte mich oft vom Fokus auf meine Kinder ab. Schließlich aber ließ er seine Wut auch immer öfter an seinem ältesten, schwer pubertierenden Sohn aus, da er für ihn schon in einem Alter war, in dem er ihn seiner Meinung nach mit seinem Zorn konfrontieren durfte. Erst viel später erzählte mir mein Stiefsohn von verschiedenen Situationen, in denen der Vater tobte, ihn beschimpfte oder emotional unter Druck setzte und auch, dass sich mein Stiefsohn nie wirklich traute, damit zu mir zu kommen, aus Angst davor, dass dieses Geständnis noch mehr Ärger auslösen würde. Trotz all dem Stress, all den Ausbrüchen, blieb ich eisern an der Seite meines Ex-Mannes. Ich wollte ihm beweisen, dass man ein harmonisches Leben führen kann im Gegensatz zu all den Erfahrungen, die er in seinem Leben schon gemacht hatte. Immer wieder bat ich ihn, sich doch therapeutische Hilfe zu holen, da es ihm ja oft so schlecht ging. Ich musste mich immer wieder überwinden, ihn zu bitten, da er daraufhin meistens sehr wütend wurde. Und seine Wut hatte ich so satt.

> Dani: „Ich weiß noch, dass du in dieser Zeit auch immer lauter geworden bist. Immer, wenn wir uns mal trafen, fiel mir auf, dass deine Stimme insgesamt einfach lauter geworden war. Außerdem hast du nur noch schwarz getragen."

In dem Sommer, in dem mein Ex-Mann seine Freundschaft mit Marie pflegte, kam es zum ersten harten körperlichen Angriff. Ich war mit meinen Freundinnen auf einem Volksfest und bemerkte, dass mein Handyakku zu Neige ging. Da es das ungeschriebene Gesetz zwischen meinem Ex-Mann und mir gab, dass wir uns immer sehr regelmäßig und engmaschig schreiben sollten, wenn wir getrennt waren, teilte ich ihm noch per WhatsApp mit, dass ich ihm wegen des Akkus bald nicht mehr schreiben können würde. Schließlich sollte er sich keine Sorgen machen. Ich schickte ihm sogar noch die Handynummer einer meiner Freundinnen. Ich wusste, dass er mit den Kindern zu Hause war und konnte so den Abend völlig unbeschwert mit meinen Freundinnen genießen. Als ich dann nachts zurückkam, war er allerdings nicht oben in der Wohnung. Die Kinder schliefen und ich fand ihn im Keller, in den Räumen der Werkstatt. Betrunken. Und dann rastete er, ohne Vorwarnung, komplett aus. Er packte mich und schleuderte mich in ein Werkstattregal. Ich versuchte, aufzustehen, fiel aber hin und lag auf dem Boden. Er packte meine Schultern und schüttelte mich, drückte mich immer wieder auf den Boden, schrie mich an. Als er körperlich von mir abließ, kroch ich auf eine Bank und blieb dort wie versteinert sitzen. Er schrie die ganze Nacht bis in den Morgen hinein. Über Stunden. Er zertrümmerte seine Lieblingsgitarre, den Tisch, und was weiß ich noch alles. Es war der blanke Horror. Mehrfach schrie er, ich solle doch „die Bullen" rufen, wenn ich Angst vor ihm hätte, dann sei endlich Ruhe. Er hatte schon immer unglaubliche Panik davor, ins Gefängnis zu kommen. Und so dachte er, wenn ich endlich die Polizei riefe, dann hätte er diese Situation, dieses Erlebnis, ein für alle Mal hinter sich. Ich hatte Angst. Vor ihm. Aber ich konnte nicht raus aus dem Raum. Er stand immer zwischen der Tür und mir. Also ertrug ich seine Schreitiraden und hoffte, dass er mich nicht nochmals attackieren würde. Er beschimpfte mich; ich hätte ihm solche Wahnvorstellungen bereitet, weil ich nicht erreichbar gewesen sei. Er sei fast gestorben vor Angst um mich. Ich war völlig fassungslos.

Ich hätte vielleicht mit einem kleinen Streit gerechnet, ich wusste ja um seinen Kontrollzwang und war darauf vorbereitet gewesen. Aber mit dieser körperlichen Gewalt, diesem Ausrasten hatte ich nicht gerechnet. Er schrie stundenlang auf mich ein, machte mir Vorwürfe und schob die Schuld für sein Ausrasten auf mich und mein Verhalten. Am Ende war ich wirklich überzeugt, dass ich mit schuld war, weil ich meinen Handyakku nicht ausreichend geladen hatte.

**Wie hat er es geschafft, mir nach einem solchen krassen, körperlichen Übergriff noch Schuldgefühle und eine Teilschuld einzupflanzen? Und wieso verzieh ich ihm das? Wieso bin ich danach bei ihm geblieben?**

Er war so verzweifelt, er war in einer solchen Opferrolle gefangen, dass er mir so unfassbar leidtat, weil er so gelitten hatte. Außerdem sagte er mir am nächsten Tag, dass sein Alltag schon belastend genug sei, dass er wegen meines Weggehens einfach einen Nervenzusammenbruch erlitten hätte und sein Handeln nur Ausdruck dieses Zusammenbruchs gewesen sei. Da dieses Ereignis aber insgesamt so hart war, bat ich einmal mehr, sich psychologische Hilfe zu holen. Offensichtlich war er selbst so geschockt von dieser neuen Ausprägung seines Zorns, dass er einwilligte. Einen Termin nahm er daraufhin tatsächlich wahr. Ich kann aus der heutigen Sicht nicht mehr beschreiben, wie der nächste Morgen oder die Tage nach der Attacke konkret abliefen. Wir kamen schnell wieder zurück in unseren Alltagstrott und ich tat seinen Ausbruch als Teil des Nervenzusammenbruchs ab, zog in Erwägung, dass dieses Verhalten nachvollziehbar sei und jeder mal einen Zusammenbruch erleiden könnte. Die Therapiestunde blieb eine einmalige Geschichte. Mein Ex-Mann kam aus dieser Sitzung fast gestärkt heraus – der Therapeut habe ihm mitgeteilt, dass er so viel Energie und Kraft habe, dass er sich selbst heilen könne, oder sogar in der Lage sei, den Therapeuten zu heilen. Das Ganze erschien mir unlogisch, aber der Vorfall war schon einige Zeit her und ich gab einfach auf.

Ab diesem Zeitpunkt kam es immer öfter auch tagsüber zu gewaltvollen Übergriffen. Meistens waren keine Zeugen dabei, aber hin und wieder konnte sich mein Ex-Mann auch nicht bremsen, wenn Besuch anwesend war. Beispielsweise erinnere ich mich an eine Situation, in der sein ältester Sohn einen Freund zu Besuch hatte und dieser mit ihm vereinbart hatte, dass er in den Räumlichkeiten der Werkstatt schlafen durfte. Das machte meinen Ex-Mann unfassbar wütend. Als er am nächsten Morgen bemerkte, dass jemand ohne seine Erlaubnis eine solche Vereinbarung getroffen hatte, drohte die ganze Situation zu eskalieren. Dieser Freund war ohnehin ein Dorn im Auge meines Ex-Mannes, weil dieser schon Kontakt zu Marihuana hatte und in meinem Ex-Mann die Befürchtung aufkam, dass sich dieser Kontakt negativ auf den Ruf der Kreativwerkstatt auswirken könnte. Mein Versuch der friedvollen Klärung wurde von meinem Ex-Mann wütend niedergetrampelt. Sein Sohn habe diese Aktion nur durchgezogen, weil ich als Mutter versagt habe. Weil ich mit meiner „sozialen Ader" solch ein Verhalten tolerieren würde. Vor seinem Sohn und dessen Freund wurde ich angeschrien. Wir alle wurden angeschrien. Sein Sohn sei ein „Loser", der bei „so einer Mutter nur zum Versager werden kann". Eine Beleidigung nach der anderen prasselte auf uns drei nieder. Und seinen harten Worten folgten auch Taten. Er schubste mich gegen den Türrahmen, nagelte mich daran fest und schrie weiter auf mich ein. Mein Sohn und sein Freund waren völlig versteinert, hatten keinen Umgang mit der Situation. Er bohrte mir den Finger in die Schulter bei jeder weiteren Beleidigung. Und ich konnte nicht weg. Ich wollte auch nicht weg, weil ich die beiden Jungs auch nicht alleine lassen wollte. Immerhin waren sie erst 17 Jahre alt und mit der Situation völlig überfordert.

Solche Streitereien mit Drohungen, mit Beleidigungen und Geschubse traten immer öfter auf. Wenn er im Bett noch mit seiner besten Freundin schreiben wollte, stieß er mich im Bett mit Gewalt gegen die Wand, damit er mehr Freiraum hatte. Lief ich ihm tagsüber über den Weg und er war schlecht gelaunt, schubste er mich aus dem Weg oder wich mir einfach nicht aus und rempelte mich um – immer gepaart mit verbalen Attacken.

Und dann kam es irgendwann und irgendwie zu einer weiteren grauenhaften Nacht. Ich weiß, es war ein Sonntag. Nina war bereits in unserem Leben aufgetaucht und die beiden waren innigst verbunden, ich immer mehr außen vor. Er hatte mal wieder ein bisschen getrunken. Zu diesem Zeitpunkt trank er schon seit Monaten fast jedes Wochenende sehr viel Alkohol. . Ich konnte schon länger nichts mehr mit ihm trinken, ich war diese Eskalationen so leid, dass ich ihn einfach alleine feiern ließ. Vor den Kindern erklärte er, dass ich mittlerweile eine „Spießermutter" geworden sei. Total unlustig und dass ich keine witzigen Partys mehr feiern wolle. Was hätte ich ihm vor den Kindern entgegnen können? Die Wahrheit? Dass ich keine Lust auf einen gewalttätigen, besoffenen Ehemann hatte? Ich ließ die Beleidigungen stehen, tat sie als witzig ab und versuchte, sie vor den Kindern wegzulachen. In der einen Nacht änderte sich jedoch alles. Kurz vor meinem 38. Geburtstag, an einem Sonntagabend, gingen wir ins Schlafzimmer, er angetrunken, ich erschöpft von dem Tag. Noch bevor ich mich hinlegen konnte, wollte er aus dem Nichts heraus wieder einmal herausfinden, wie sehr ich ihm vertraue . Er wollte wissen, wie weit er für seine sexuelle Befriedigung gehen könnte, was ich alles für ihn ertragen würde. Mit Nina lebte er seine BDSM-Fantasien bereits aus und er wollte mich ein weiteres Mal testen. Er fragte mich, ob er mir in den

Bauch schlagen dürfte. Er wollte wissen, wie fest er zuschlagen könne, wo meine Schmerzgrenze sei. Sein Wunsch war es, wenigstens ein bisschen von seinen sexuellen Vorlieben mit seiner Ehefrau auszuleben. Mir wurde sofort schlecht vor Angst. Ich wusste aber, dass es völlig eskalieren würde, wenn ich mich dagegen wehrte. Schließlich war er schon angetrunken und zu oft hatte ich bereits erleben müssen, was passierte, wenn ihn etwas in diesem Zustand triggerte. Also ließ ich ihn testen. Vor dem Kleiderschrank stehend wappnete ich mich, spannte meine Bauchmuskeln an und wartete auf den Faustschlag. Es folgten mehrere. Erst nicht so stark, dann immer stärker werdend. Jedes Mal fragte er mich, ob seine Schläge noch auszuhalten seien und ich bejahte. Irgendwann wurde es aber wirklich schmerzhaft und ich bat ihn, aufzuhören. Ich fühlte mich ohnehin schon völlig gedemütigt und hoffte so sehr, dass er jetzt aufhören würde. Ich wollte einfach nur ins Bett. Also legten wir uns gemeinsam hin und ich hoffte auf eine ruhige Nacht. Er fragte mich dann aber, was eigentlich passiert wäre, wenn er trotzdem weiter geschlagen hätte, obwohl ich das nicht mehr wollte. Ich wusste gar nicht, was ich antworten sollte. Er wollte aber immer wieder wissen, was dann wäre. Er fragte mich ganz oft: „Wenn ich dich jetzt einfach schlage, ist dann unser Vertrauen zerstört?" Ich wusste keine Antwort. Immer wieder kam: „Ich muss es wissen, ob unser Vertrauen zerstört wäre!" Er fragte und fragte. Irgendwann sagte ich ihm, dass ich langsam Angst bekäme. Wie oft hatte ich ihm schon gesagt, dass ich Angst vor ihm hätte. Aber er tat diese Angst immer nur als hysterische Wahrnehmung meinerseits ab. Vor ihm müsse man keine Angst haben, er würde doch niemandem absichtlich wehtun. Auch in dieser Situation musste ich meine Angst wieder zum Ausdruck bringen. Aber es lief völlig aus dem Ruder. Ich lag im Bett, direkt an der Wand, er beugte sich über mich und schlug mir heftig in den Magen. Immer wieder. Und ich konnte nicht weg. Und dabei fragte er: „Und? Ist es jetzt zerstört, das Vertrauen?" Ich flehte ihn an, aufzuhören. Ich sagte ihm, dass ich seine Frage nicht beantworten könnte, die ganze Situation nicht verstand.

Ich wusste auch nicht, was er von mir wollte. Er schlug weiter. Ich versuchte, zu entkommen, konnte irgendwann vom Bett flüchten. Noch im Schlafzimmer packte er mich und schlug mir ins Gesicht. Mit der Faust. Einfach immer wieder. Überall hin. Ich versuchte, mich zu wehren, wollte mich aber nicht zu stark verteidigen, aus Angst, ihm weh zu tun. Ich wollte ihn nur von mir fernhalten.

**Ich hatte Angst, ihm weh zu tun? Warum habe ich ihn nicht vor lauter Zorn niedergetrampelt? Das muss man sich erst einmal überlegen. Ich werde verprügelt und wehre mich nicht richtig – aus Angst, ihn zu verletzen. Völlig daneben. Was hatte er nur mit meinem Gehirn gemacht?**

Ich hatte jahrelange Kampfsporterfahrung. Ich konnte meine Deckung also ganz gut halten und wollte mich nicht wehren, sondern mich einfach nur schützen. Ich wollte diesen Mann nicht verletzten. Ich wollte nicht zu denjenigen gehören, die ihm im Laufe seines Lebens bewiesen hatten, dass die Welt schlecht ist. Das war doch meine Aufgabe, oder nicht? Das war doch die Vereinbarung, die ich mit mir für ihn abgeschlossen hatte. Aber wie weit geht so eine Co-Abhängigkeit? Heute weiß ich die Antwort: Weit über jede Grenze von Moral, Selbstschutz und Menschenverstand hinaus. Wenn ich diese Zeilen heute lese, bin ich absolut fassungslos. FASSUNGSLOS!!! Und doch kann ich mich noch genau an das Gefühl erinnern, das ich hatte und das mich damals davon abhielt, mich zu wehren. Ich wollte ihn nicht verletzen. Während dieser Mann mit Fäusten auf mich einschlug, hielt ich nur meine Deckung oben und redete sogar noch beruhigend auf ihn ein. „Es ist alles gut. Hör auf, es ist alles gut." Ich versuchte, ruhig zu bleiben, auch, weil ich nicht wollte, dass die Kinder wach wurden. Ich kann heute nur sagen, dass ich in dieser Situation absolut gestört reagiert habe. Und krankhaft. Alles Geschilderte ist kein gesundes Verhalten. Weder von ihm, noch von mir. Und auch ich holte mir keine Hilfe, auch ich blieb in diesem Gefängnis stecken und versuchte, alles auszuhalten. Das ist mein Anteil an dieser Geschichte und ich bin noch immer im Prozess, mir diesen Anteil zu verzeihen.

Irgendwie konnte ich mich dann von ihm losreißen und flüchtete aus dem Schlafzimmer, aus der Wohnung in das Treppenhaus Richtung Hausausgang. Er kam hinterher, setzte sich dann aber auf die Treppe. Ich stand da. Im zerrissenen Unterhemd und Unterhose. Verprügelt. Wusste überhaupt nicht, was gerade passiert war. Ich wäre am liebsten zur Nachbarin geflohen und hätte die Polizei gerufen. Aber ich wollte nicht weg. Ich hatte Angst, dass er dann den Kindern etwas antäte, die in ihren Zimmern schliefen. Sie hatten – wie auch immer das passieren konnte – nichts mitbekommen. Er sagte dann, dass es vorbei sei. Er hätte sich beruhigt, ich müsse keine Angst mehr haben. Er ging in den Keller. Ich ins Bett. Mir tat alles weh. Ich war nicht mehr fähig, zu weinen oder sonst etwas zu tun. Ich stand am nächsten Morgen auf, wie immer um 4:50 Uhr, ging zu den Pferden, misten, füttern, ging wieder rein. Es gab Frühstück für alle, die Kinder ab in die Schule, ich zu meinem Job. Der ganze Tag verlief wie in einem Film. Am Abend sagte ich, dass wir es jemandem erzählen müssten, dass wir Hilfe brauchten. Er sagte, er habe es Nina schon erzählt. Aber weiter nichts. Seinen besten Kumpel haben wir dann noch hinzugezogen. Dieser sagte nur, dass er nicht wirklich was dazu sagen könnte. Sein Fazit war, dass ich ihm entweder verzeihen müsste oder gehen sollte. Ich konnte beides nicht. Damit war die Situation beendet.

> Steffi: „Warum bist du nicht zur Polizei gegangen? Dieses eine Mal hättest du Beweise gehabt. Du hattest blaue Flecken, dir tat alles weh. Jeder Arzt hätte die Situation sofort erkannt."

Ich hätte zum Arzt und zur Polizei gehen können, ja. Und dann? Ich war vom Gefühl her doch ohnehin nicht mehr wirklich Teil meines eigenen Lebens. Ich war so abgespalten, so in Schock, dass ich mir gar nicht vorstellen konnte, wie mögliche weitere Schritte in eine „normale Realität" hätten aussehen können. Ich war zurückgeworfen auf den sehr kleinen Kreis um meinen Ex-Mannes und mich und war dazu verdammt, alles innerhalb dieses kleinen Kreises lösen zu müssen. Oder darin unterzugehen.

Ab dieser Nacht und diesem Ereignis konnte ich keine körperliche Nähe mehr zu meinem Ex-Mann zulassen, ich lebte nur noch neben ihm her und kümmerte mich um unsere Kinder. Meine Überforderung mit dem Alltag, mit ihm, die Geschichte, die nebenbei mit Nina lief, meine Erfahrungen in den Swingerclubs, seine Eskalationen, seine morbiden Fantasien – alles fühlte sich nur noch an wie ein Film, der in mir und um mich herum ablief. Wie eine Freakshow. Und ich war der Freak, der da einfach nicht rauskam.

Das Thema „Bauch" und alles, was er damit verband, zog sich durch unser Leben. Auch wenn es nach dieser Sonntagnacht zu keinerlei Übergriffen mehr kam, erinnere ich mich noch an so viele Situationen, die bis zu diesem Zeitpunkt immer wieder passierten und zeitlich nicht genau einzuordnen sind. Beispielsweise entwickelte er in seiner völlig verdrehten Fantasie Weltuntergangsszenarien und fragte mich immer wieder, ob er mich wenigstens durch Messerstiche in den Bauch „erlösen" dürfte, wenn klar wäre, dass wir sterben würden. Für mich war das alles so absurd, dass ich seinen Wunsch immer verneinte. Seine Ideen hierzu wurden immer bedrohlicher. Wenn mein Tod in verschiedenen Szenarien absolut unausweichlich wäre, könnte ich ihm dann nicht wenigstens den Gefallen tun, dass er mich dann, als seine letzte Handlung, abstechen dürfe? Aber ich konnte mich auf seine Fantasien nicht einlassen, für mich war klar, dass die Hoffnung zuletzt stürbe. Das machte ihn rasend. Er wollte, dass ich mich ihm völlig anvertraute, eine Stufe davor gab es für ihn nicht. Wieder einmal erlebte ich, dass in seiner Welt alles nur schwarz oder weiß war.

Gewalt spielte nicht von Anfang an eine Rolle in unserer Beziehung, aber sie suchte sich ihren Platz. Erst nur verbal und emotional, dann auch körperlich. Ich schreibe ‚nur'? Ehrlich gesagt haben diese emotionalen Übergriffe deutlich größere Narben hinterlassen. Die körperlichen Übergriffe verursachten blaue Flecken und Prellungen, die heilten. Aber nach dieser Heilung war körperlich auch alles wieder gut. Was aber blieb und was noch immer spürbar da ist, sind die ganzen Narben auf meiner Seele. Und noch schlimmer – auf den Seelen meiner Kinder. Meiner drei Jungs, die mittlerweile 22, 14 und elf Jahre alt sind, die teilweise schon stationäre Aufenthalte in psychiatrischen Kliniken absolvieren mussten, weil sie starke psychische und körperliche Symptome aufweisen. Wir sind auf einem guten Weg. Aber unsere Seelen sind vernarbt und diese Narben platzen manchmal völlig unvermittelt auf und werden zu klaffenden Wunden. Diese Verletzungen bei meinen Kindern empfinde ich umso mehr als schmerzhaft, weil ich in meinem Unvermögen, zu gehen, maßgeblich an diesen beteiligt bin. Mir das zu verzeihen beschäftigt mich bis heute und wird mich mein Leben lang begleiten.

## Kapitel 8 – Lichtblick

Im Herbst meines 37. Lebensjahres, nach der Zeit mit Marie, begann ich wieder intensiver mit der Sport-App zu trainieren, die ich mit Marie ja schon näher kennengelernt hatte. Man konnte sich im Training gegenseitig motivieren und anfeuern. Schnell schloss man Bekanntschaften, mit denen man sich über diese App schreiben konnte. Eine dieser Bekanntschaften war Alex. Alex war vier Jahre jünger als ich, verheiratet und hatte zwei Töchter im gleichen Alter wie meine Jungs. Schon durch unsere Kinder und unseren Sport hatten wir viele gemeinsame Themen, über die wir reden konnten, und so schrieben wir uns schnell auch außerhalb der App private Nachrichten. Ich erzählte meinem Ex-Mann natürlich alles darüber und ließ ihn alles mitlesen. Eine neue Bekanntschaft hätte ich niemals ohne das Wissen meines Ex-Manns führen dürfen. Nicht ganz ohne einen Gedanken der Genugtuung dachte ich auch, dass, wenn mein Ex-Mann sich eine ‚Marie' suchen durfte, ich auch das Recht darauf hätte, jemanden kennenzulernen. Alex und ich verstanden uns auf Anhieb gut, hatten schnell eine gemeinsame Sprache. Wegen meiner langen Haare wurde ich zu seiner „Rapunzel" und wir trainierten sogar manchmal gemeinsam über diese App. Einmal telefonierten wir; er wollte eigentlich mit seiner Familie im kommenden Frühjahr zu einem Konzert zu uns in die Nähe kommen. Er und seine Familie wohnten etwa 400 Kilometer entfernt und so war es für sie alle logisch, dass sie uns besuchen wollten. Ein paar Tage bevor alle bei uns ankommen sollten, kam eine schwere Erkältung in die Quere und dieses Treffen fiel leider aus. Einige Zeit später schickte mir Alex ein kleines Päckchen mit einem Gummiband für neue Übungen beim Sport und zusätzlich die DVD „Rapunzel". Diese Selbstverständlichkeit, mit der ein anderer Mann mir Spitznamen geben durfte und mit der er – wenn auch nur über den postalischen Weg – einfach in mein Leben eindringen konnte, wurde meinem Ex-Mann dann zu viel und natürlich entstand daraus ein großer Streit. Aus diesem Streit heraus verlangte mein Ex-Mann von mir, dass ich Alex sagen musste, dass er mir solche Dinge nicht mehr schicken durfte. Und das tat ich. Das Gummiband sollte ich bezahlen, die DVD wurde verkauft. Mein Ex-Mann hasste Alex von Anfang an. Obwohl ich ihn nicht mal annähernd so nah an mich rankommen ließ, wie er zuvor Marie, empfand er Alex als Bedrohung. Dabei waren meine Unterhaltungen mit ihm völlig harmlos. Natürlich flirtete ich auch ein wenig mit ihm, aber er war verheiratet und schien ein glückliches Leben zu führen. Auch ich zweifelte zu dem Zeitpunkt meine Ehe nicht an oder hätte irgendetwas heimlich hinter dem Rücken meines Ex-Manns getan. Das war in meinem Programm gar nicht vorgesehen. Im Gegenteil, ich schwärmte Alex immer wieder von meiner Ehe vor, wie innig und vertraut sie war. Tatsächlich war Alex sogar ein bisschen neidisch. Zu meinem 37. Geburtstag dann schickte er mir einen bunten Blumenstrauß per Fleurop. Wie erwartet rastete mein Ex-Mann richtig aus. Er verlangte sofort, dass ich den Kontakt zu Alex völlig abbrechen sollte. Ich musste ihm eine von ihm diktierte und sehr gemeine WhatsApp-Nachricht schicken. Es waren Worte wie: „Was soll das? Schickst Du eigentlich all deinen weiblichen Freundinnen Blumen?" oder „Du willst mich wohl doch nur ins Bett kriegen". Es tat weh, dies zu verschicken, da ich bis zu diesem Zeitpunkt mit Alex nur lose befreundet und unser Verhalten nie über harmlose Flirtereien hinausgegangen war. Ich hätte auch ohne das Diktat meines Ex-Mannes Abstand von Alex genommen, ohne diese gemeinen Worte, zumal die bunten Blumen wirklich nur eine nette Geste hatten sein sollen. Aber mein Ex-Mann bestand darauf. Alex entschuldigte sich in aller Form bei mir und betonte, dass er nie eine Grenze hätte überschreiten wollen, ich von ihm nun nichts mehr hören werde, er würde mich ab sofort in Ruhe lassen. Nach einem halben Jahr des freundschaftlichen Kontaktes war dann Alex Geschichte. Und dabei hatte ich ihn noch nicht einmal persönlich kennengelernt. Alex löschte sogar seinen Account bei der Sport-App. Es war vorbei, das Verhalten meines Ex-Manns nagte sehr an mir. Dass ich so gemein hatte sein müssen, löste in mir tiefes Unbehagen und Widerstand aus. Es entsprach zutiefst nicht meiner Art. Außerdem mochte ich Alex sehr gern, er war immer so nett und aufmunternd gewesen, so leicht und positiv, brachte mich oft zum Lachen und ich fühlte mich einfach wohl, wenn wir Kontakt hatten. Mein Austausch mit ihm hatte mich wenigstens ab und zu mal rausgeholt aus meinem Alltag mit meinem Ex-Mann.

Etwa anderthalb Jahre später, mein Ex-Mann hatte mittlerweile Nina kennengelernt, fand ich Alex zufällig über Instagram wieder. Ich fragte meinen Ex-Mann, ob ich wieder Kontakt aufnehmen dürfe, weil ich nicht einsah, dass er Nina „haben" konnte und es mir immer noch so nahe ging, wie ich mich damals auf diese hässliche Art von Alex hatte verabschieden müssen. Er tolerierte das sofort, hatte zwar angeblich Angst, mich zu verlieren, aber wohl mehr Angst davor, Nina aufgeben zu müssen, wenn er mir den Kontakt zu Alex verbot. Offensichtlich war ihm dieses Ungleichgewicht auch deutlich und so schrieb ich Alex über Instagram an. Schnell bauten wir ein noch tieferes Vertrauensverhältnis auf. Es tat gut, jemanden zu haben, der so viel Abstand zu all dem hatte. Der einfach nett zu mir war, mit dem ich mich verbunden fühlte. Er war ein richtiger Lichtblick für mein oft so beschwerliches Leben – der perfekte Familienvater, in meinen Augen sogar der perfekte Mann. Ich kann sicher sagen, dass ich mich trotz der Entfernung zu Alex und obwohl wir uns nie persönlich begegnet waren, in ihn verliebte. Aber wir waren beide verheiratet und uns beiden war klar, dass unsere Familien Vorrang hatten. Wir nutzten jede freie Minute, um zu telefonieren oder uns zu schreiben. Wir konnten über alles reden, ich erzählte ihm schließlich auch davon, wie mein Sexleben gestaltet war, von den Clubbesuchen und von der Beziehung zu meinem Ex-Mann. Endlich konnte ich mir alles von der Brust reden, jemandem erzählen, der mich in meinem Alltag nicht damit konfrontieren konnte, der weit genug weg war. Aber ich verlor kein schlechtes Wort über meinen Ex-Mann. Für mich war mein Leben noch immer so perfekt, dass ich auch vor Alex nicht zugeben konnte, wie es wirklich aussah. Auch er vertraute mir sehr viel über seine nicht mehr ganz so glückliche Beziehung zu seiner Frau und über sein Leben im Allgemeinen an. Wir lernten uns, wenn auch nur für kurze Zeit, sehr gut kennen, denn nach etwa einem halben Jahr eskalierte ein Streit mit seiner Frau. Die Beziehung zwischen Alex und mir war nun seiner Partnerin ein Dorn im Auge und sie verlangte, dass der Kontakt abgebrochen werden sollte. Noch davor hatte er mir bereits erzählt, dass seine Frau ihn oft emotional verletzte, es oft Streit gab. Auch sie hätte viele Wutanfälle oder verbale Ausbrüche, die weit unter die Gürtellinie gingen. Ich dachte damals sofort, dass das ja mit meinem Ex-Mann und mir genauso war, fand für mich und mein Tolerieren dieses Verhaltens aber gute Ausreden. Eine so zerrüttete Ehe, wie Alex zu seiner Frau hatte, konnte ich unmöglich für mich als wahr erkennen. Ich bildete mir ein, dass ich in einer ganz anderen Situation lebte und in meiner Ehe im Grunde alles super sei. Ich hielt an ihr fest. Ich erzählte Alex nichts von all den Eskapaden, von der Gewalt und der ganzen Situation. Ich fühlte mich so sehr mit ihm verbunden, ich liebte ihn sogar und das fühlte sich für mich noch nicht einmal wie Verrat gegenüber meinem Ex-Mann an. Denn wenn er Nina lieben konnte, so durfte ich doch auch ein so tiefes Gefühl für jemand anderen empfinden. Nichtsdestotrotz stand bei mir meine Ehe immer noch ganz oben. Sie stand da wie eine massive, unzerstörbare, riesige Marmorsäule.

**Warum habe ich mich Alex nicht anvertraut, obwohl er mit seiner Beziehung in einer ähnlichen Lage zu sein schien? Wie konnte ich mich so von ihm und seinem Schicksal distanzieren, dass ich diese Parallelen nicht auf mein Leben übertrug?**

Aus meiner heutigen Sicht kann ich zunächst sagen, dass es ein großer Fehler war, generell niemandem erzählt zu haben, wie es mir wirklich ging. Aber damals schämte ich mich einfach. Ich war bis ins Mark überzeugt davon, dass alles gut würde. Ich verdrängte, ich verschloss die Augen, ich wollte es einfach nicht sehen, nichts wahrhaben. Aber ich wusste tief in mir, dass, wenn ich jemals jemandem etwas davon erzählen würde, dies dann der Anfang vom Ende wäre. Dann hätte ich nichts mehr rechtfertigen können, der Traum einer heilen Familie wäre dann vollends zerstört gewesen. Davor hatte ich Angst. Das mag absurd klingen, denn wer möchte in und mit so einer Familie überhaupt leben? Aber es war nun einmal meine Familie, meine Kinder, mein Mann, mein Alltagszahnrad, das sich drehte und drehte. Und das ich kannte, mit dem ich vertraut war. Noch war die Zeit einfach nicht gekommen, sich zu lösen.

Als Alex wegen seiner Frau dann schließlich den Kontakt zu mir abbrach, hinterließ er eine große Lücke. Ich dachte sehr oft an ihn und hoffte einfach, dass es ihm gut ging. Auf irgendeine Art und Weise war er jedoch trotzdem immer bei mir. Seine aufmunternden Worte, seine Lebendigkeit, seine Liebenswürdigkeit, sein ganzes Wesen waren tief in mir. Aber ich schob die Gefühle bei Seite, hatte ich mich doch für ein anderes Leben entschieden und wollte immer noch an der Seite meines Ex-Mannes bleiben. Ich wurde aber trotzdem das Gefühl nicht los, dass ich Alex irgendwann einmal würde treffen müssen. Er hatte mich auf irgendeine Weise so tief berührt, dass ich einfach nicht sterben wollte, ohne ihn jemals kennengelernt zu haben. Wann und ob das wirklich passieren würde, war mir zu diesem Zeitpunkt jedoch noch nicht klar.

Erschütternd kam hinzu, dass sich mein Ex-Mann regelrecht über den Kontaktabbruch freute. Es täte mir sehr gut, dass ich mal zu spüren bekäme, was Ablehnung bedeute. Alex habe mich „abgeschossen", er sei ohnehin nur auf Sex aus gewesen. Er habe nie mehr als eine Trophäe in mir gesehen. Natürlich tat das unendlich weh. Für mich fühlte es sich auch gar nicht danach an. Ich verstand, dass Alex seine Familie nicht aufs Spiel setzen wollte. Ich fühlte mich weder als Trophäe noch „abgeschossen". Aber immer wieder betonte mein Ex-Mann, dass es mir sehr guttäte, auch einmal abgelehnt worden zu sein und dass es mich von meinem „hohen Ross" endlich einmal herunterholen würde. Immer würde in meinem Leben alles funktionieren. Ich sei einfach zu gutgläubig und naiv. Und ich sei die großartige, die hübsche, tolle Carlotta, alle würden mich immer nur lieben. Das kotze ihn an. Und er war froh, dass sich dies jetzt geändert hatte. Dass ich auch mal spüren würde, dass das Leben nicht immer gut sei. Und dass ich eben nicht immer die Tolle sei, dass „so Männer wie Alex" mich eben auch einfach abschießen und fallen lassen würden. Er habe immer gewusst, dass dieser Mann ein rein oberflächlicher Schönling gewesen sei, dem es um nichts anderes als das perfekt trainierte Aussehen ging. Ich wusste es besser, aber ich sagte nichts. Ich ließ die verbalen Attacken meines Ex-Manns zu. Gleichzeitig spürte ich noch immer eine starke Verbindung zu Alex. Und die Gedanken an ihn taten mir gut. Ich hatte mir eine Handvoll Bilder von ihm im Handy gespeichert, die ich mir immer ansah, wenn es mir nicht so gut ging. Auch wenn es wehtat, so überwog doch das gute Gefühl, das ich hatte, wenn ich an ihn dachte.

> Steffi: „Ich weiß noch, dass du mir von Alex erzählt hast, als ihr noch in Kontakt standet. Du hattest mich besucht und wir zogen uns zurück, damit wir ungestört und ohne die Kinder reden konnten. Ich war zwar anfänglich irritiert, weil du so von einem anderen Mann schwärmtest, obwohl du doch in einer von dir als so perfekt beschriebenen Ehe stecktest. Aber ich konnte dich in deinem Bedürfnis sofort sehen, dass du einfach jemanden zum Reden brauchtest außerhalb von deinem Alltag. So ganz langsam fing die Fassade, die du über Jahre hinweg aufgebaut hattest, zu bröckeln an. Du erzähltest mir sogar, dass du dich in Alex verliebt hattest, betontest aber

gleichzeitig, dass deine Ehe im Prinzip völlig sorgenfrei sei. Dieses ‚im Prinzip' war dein erstes Eingeständnis mir gegenüber, bei dem ich mich in meinem schon lange vorhandenen Bauchgefühl bestätigt fühlte, dass etwas nicht stimmte. Unterm Strich, Carlotta, war dieses Gespräch in meiner Wahrnehmung der Startschuss dafür, deine Ehe auf den Prüfstand zu stellen und sie schließlich auch zu beenden."

## Kapitel 9 – Das Ende

Ich war mittlerweile 38, es ging auf den Sommer zu und ich war bereits seit zwölf Jahren verheiratet. All die Eskapaden der letzten Jahre, die Affären, die Beschimpfungen, die Gewalt, dass ich mich immer mehr zurückzog, löste etwas in meinem Ex-Mann aus. Ich hatte das Gefühl, dass ihm ein kleines bisschen bewusst wurde, was alles passiert war und dass es so nicht weitergehen konnte. Er trank seit ein paar Wochen keinen Alkohol mehr und so war der Alltag für mich wie schon die ganze Zeit zwar abgestumpft und leer, aber ich hatte nicht mehr ganz so große Angst vor ihm oder seinen Ausrastern. Insgesamt war es recht ruhig geworden. Meine Kinder konnten diese Ruhe jedoch nicht auf sich übertragen. Unser jüngster Sohn kam mit allem noch am besten zurecht, aber die beiden älteren kämpften mit schweren körperlichen und psychischen Symptomen. Dazu gehörten Panikattacken, Angstzustände, pathologische Kontrollzwänge, die den Alltag meines einen Sohnes massiv einschränkten. Rein körperlich zeigten sich plötzlich epileptische Anfälle, die mich in Angst und Schrecken versetzten. Einen Zusammenhang zwischen diesen Auswirkungen bei meinen Kindern und meiner kranken Ehe sah ich noch immer nicht. Oder wollte ich sie nicht sehen? Aus heutiger Perspektive würde ich sagen, dass ich mich schon sehr um meine Kinder sorgte und kümmerte, aber mir einfach nicht bewusst war, dass psychosomatische Reaktionen so heftig sein können und die Ursache für all das in meiner toxischen Ehe lag. Nähe zu meinem Ex-Mann konnte ich trotz der neuen Ruhe und der geteilten Sorge um unsere Kinder nicht mehr zulassen. Zwischen uns beiden gab es nur ein reines Nebeneinanderherleben.

Zu Anfang jenes Herbstes kam von ihm immer öfter die Frage, ob er denn nicht irgendwann bald wieder Alkohol trinken könne. Ich war traurig, dass das sein einziges Problem zu sein schien und ich sagte ihm, dass ich nichts mit ihm trinken könne. Auch sei ich noch nicht bereit, ihn betrunken zu erleben. Zu tief waren die Wunden. Er fühlte sich unverstanden und wurde zunehmend wütender. In einzelnen Gesprächen beteuerte er mir immer wieder, dass er die Lektion verstanden habe und es keine Ausraster mehr geben würde. Aber ich ließ mich nicht von meiner Einstellung abbringen und hielt vorerst daran fest, dass Alkohol in unserer Ehe keine Rolle mehr spielen durfte.

Auch ein anderes Thema trieb uns um: Schon seit langer Zeit wünschten sich meine Kinder und ich, insbesondere mein mittlerer Sohn, Katzen. Aber Tiere in unseren Haushalt zu integrieren war von meinem Ex-Mann bis zu diesem Zeitpunkt immer kategorisch abgelehnt worden. Er wollte nicht noch mehr Verantwortung für ein weiteres Lebewesen übernehmen. All die Jahre war ich auf ihn eingegangen, aber mittlerweile war ich es leid, dass die Kinder und ich immer zurückstecken mussten. Es war doch ohnehin immer ich gewesen, die den Haushalt aufrecht hielt. War es da nicht auch meine Entscheidung, ob ich mit den Kindern zusammen die Verantwortung für zwei Katzen übernehmen würde? Also wollte ich mich durchsetzen. Mein Ex-Mann hatte früher unter einer Katzenhaarallergie gelitten, allerdings wusste er nicht, ob diese noch bestand. Daher bat ich ihn, einfach einen Test machen zu lassen. Seine Antwort war so einfach wie endgültig: „Ich will keine Katzen, also muss ich den Test nicht machen." Ich versuchte, ihm zu erklären, dass die Kinder sich unglaublich freuen würden und er doch einfach für sie diesen Test machen könne. Schließlich wären Haustiere schon immer auch gut dafür, wie eine Art Therapie zu wirken, und ich erhoffte mir, dass es meinen Jungs vielleicht besser gehen würde, wenn man ihnen diesen großen Wunsch erfüllte. Wenn mein Ex-Mann den Test machte, könnten wir immerhin gemeinschaftlich überlegen, ob die Anschaffung überhaupt Sinn ergab. Aber ich hatte keine Chance. Der Test sei ihm zu teuer und er wolle keine Katzen. Ohne weitere Diskussion war das Thema für ihn erledigt. Ich setzte mich jedoch einfach über ihn hinweg, ich war seine egoistische Art so leid. So passte es zufällig in die Weihnachtszeit, dass wir am frühen Morgen des Heiligabends zwei kleine Katzenmädchen aus dem Tierschutz holen konnten. Viel sagte er anfangs nicht dazu, meine Kinder und ich waren so fröhlich und glücklich über die zwei Fellnasen. Eine Allergie zeigte sich nicht. Seine tatsächlichen Gefühle über die neuen Mitbewohner konnte mein Ex-Mann jedoch nicht lange für sich behalten. Nur wenige Stunden, nachdem die Kätzchen da waren, kam es zu einer ersten Auseinandersetzung mit meinem Ex-Mann. Da die zwei Kleinen noch nicht ins Freie durften, bat ich alle, darauf zu achten, die Türen immer sorgfältig zu schließen. „Ich wollte keine Katzen! Wenn ich den Müll rausbringe, lass ich die Türe offen, ist mir egal, ob dann eine rausrennt und überfahren wird. Ihr müsst selbst auf eure Katzen aufpassen. Ich werde mich nicht einschränken", war alles, was wir von ihm hörten. Tatsächlich war diese Situation der Anlass dazu, dass ich mich das erste Mal gegen seine Aggression wehrte. Ich verlangte von ihm, dass er seine Scheiß-egal-Einstellung ändern und sich bitte den Kindern zuliebe zusammenreißen sollte. Er hielt sich daran.

Da mein Ex-Mann in den letzten Monaten recht ruhig geblieben und fast sowas wie Frieden eingekehrt war, wollte ich ihm in einer großen Geste zeigen, dass ich diese Veränderung in seinem Verhalten bemerkt hatte und das gut fand. Da er sich schon länger selbstgemachten Eierlikör gewünscht hatte, dachte ich, es wäre ein Zeichen meiner Anerkennung, ihm mit einer kleinen Flasche zu Weihnachten entgegenzukommen. Es war nur eine kleine Flasche und ich dachte mir, dass diese Menge bestimmt nichts anstellen würde. Ihn nicht betrunken machen würde. Ich dachte nur an die Geste und an ein kleines Gläschen, das wir als Zeichen unserer Versöhnung zusammen trinken könnten.

> Steffi: „Carlotta! Im Ernst? Du hast einen Alkoholiker dafür, dass er ein paar Monate trocken geblieben ist, mit Alkohol belohnt? Ist nicht so ganz schlau, oder?"

Natürlich nicht. Aus heutiger Sicht war diese Idee völlig hirnverbrannt. Aber ich hatte meinen Ex-Mann tatsächlich einfach nicht als kranken Alkoholiker gesehen. Für mich war sein gelegentliches Trinken Ausdruck seines Musikerlebens, seines Lebens als Partymensch. Ich hatte ihn so kennengelernt, ich hatte mich so in ihn verliebt. Und wir hatten viele gemeinsame, sehr lustige Nächte erlebt, die mit Alkohol erst so richtig lustig wurden. Was für ein Trugschluss! Die Tatsache, dass er ohne jegliche Entzugserscheinungen monatelang auf Alkohol verzichten konnte, sprach für mich auch nicht dafür, dass er alkoholkrank war. Heute weiß ich, dass Alkoholiker auch auf Alkohol verzichten können und dennoch alkoholkrank sind. Entsprechend sah ich damals in meinem Vorgehen kein Problem.

Am Nachmittag des 24.12. – wir konnten unseren Streit bis dahin beilegen – überreichte ich ihm ein kleines Fläschchen selbstgemachten Eierlikör. Er freute sich sehr und wir stießen gemeinsam an. Ich dachte mir, vielleicht gäbe es ja doch noch Hoffnung, dass irgendwann alles gut würde. Als es später wurde und es zur Bescherung mit den Kindern kommen sollte, verließ er kurz das Wohnzimmer und kam mit zwei Dosen Whisky – Cola zurück. Das hatten wir früher oft zusammen getrunken. Ich saß auf der Couch mit den beiden jüngeren Söhnen, der älteste wollte mit seiner Freundin später dazu kommen, sie waren noch bei ihren Eltern. Ich sah ihn mit den Dosen im Türrahmen stehen und fühlte sofort, wie sich mein Hals zuzog, wie mir unwohl wurde. Ich wollte keinen weiteren Alkohol trinken. Der Eierlikör hatte nur eine Geste sein sollen, keine Aufforderung. Für mich war klar, dass ich mit diesem Mann nicht mehr trinken würde. Zu drastisch waren die Erinnerungen an seine Ausraster. Ich gab ihm zu verstehen, dass ich keinen (weiteren)

Alkohol an Heiligabend haben wollte. Und ich hatte tatsächlich ein schlechtes Gewissen dabei und es tat mir fast leid, ihn so enttäuschen zu müssen. Er verschwand sofort aus der Wohnung und ging in den Keller. Etwas bestürzt saßen wir drei dann allein da. Die Kinder wollten ja nun ihre Geschenke. Wir warteten, spielten eine Runde Uno, freuten uns an den Kätzchen, warteten. Nach einer gewissen Zeit ging ich dann doch in den Keller, um nach ihm zu sehen. Als ich durch die Tür trat, kam direkt: „Hau ab! Sofort! Verpiss dich, sonst vergesse ich mich!" Er war betrunken. Ich wollte ihm erklären, dass das mit dem Alkohol einfach noch zu früh war für mich, brachte aber nur gestammelte Worte heraus. Ich hatte sofort einen viel zu hohen Puls und Angstzustände. Ich ging wieder nach oben, zitternd. Die Kinder hüpften fröhlich auf der Couch und wollten endlich Bescherung. Ich musste mich erstmal beruhigen. Keine fünf Minuten später kam er dann aus dem Keller, setzte sich dazu und hielt eine weitere Dose in der Hand. Er war mies gelaunt. Die Bescherung verlief lieblos. Ich versuchte, es den Kindern irgendwie schön zu machen, fröhlich zu sein. Unter anderem bekam der mittlere Sohn einen Laptop. Wir hatten geplant, dass mein Ex-Mann sich dann die Zeit nehmen sollte, um diesen noch an dem Abend gemeinsam mit unserem Sohn einzurichten. Aber der Mittlere bekam von meinem Ex-Mann den Ordner mit den Programmen und CDs vor die Füße geworfen mit den Worten: „So, da. Mach! Bist doch hier das Super-Brain. Den Dreck kannste alleine einrichten." Unser Sohn fing an zu weinen. Ich versuchte irgendwie zu vermitteln, ihn zu trösten und gleichzeitig meinen Ex-Mann zu beruhigen. Der älteste Sohn und seine Freundin kamen .etwa eine halbe Stunde später dazu und merkten sofort, dass die Stimmung im Keller war. Immer wieder kamen fiese und unangebrachte Sprüche von Seiten meines Ex-Mannes. Er drehte die Musik immer wieder so laut auf, dass wir uns nicht mehr unterhalten konnten. Als Begründung sagte er dann immer nur, dass er jetzt Party machen wolle. Der älteste bat ihn, die Musik leiser zu drehen, weil wir Brettspiele spielen wollten. Er entgegnete immer wieder, dass ihm das egal sei, er wolle Party machen. Ich bat ihn auch, Rücksicht auf die Kätzchen zu nehmen, da sie sich vor der lauten Musik so erschreckten. Auch hierzu ließ er seiner schlechten Laune freien Lauf: Er habe die Drecksviecher nicht gewollt, also müsse er auch keine Rücksicht nehmen. Es wurde immer schlimmer. Er verhielt sich der Freundin seines ältesten Sohnes gegenüber völlig unangebracht, zog sie wegen ihres kurzen Rocks auf und fing immer öfter auch an, sie regelrecht sexuell anzumachen. Er beschämte unseren ältesten Sohn und sie damit zutiefst. Die Stimmung kippte immer mehr. Unser jüngster Sohn war aufgrund der Aufregung des Tages langsam auf der Couch eingeschlafen, aber die beiden älteren Söhne erlebten mit, wie die Situation völlig aus dem Ruder lief. Mein Ex-Mann war kaum noch zu bremsen, wurde immer betrunkener. Er fing an, uns zu beschimpfen und wurde dabei immer lauter. Er betitelte mich als Fotze, als Dreckshure, den ältesten Sohn als einen Versager. Wir seien alle Schuld an seinem Unglück, an seiner schlechten Laune, an letztlich allem. Es war fast nicht zu ertragen. Unser mittlerer Sohn fing an zu weinen und konnte sich kaum noch beruhigen. Mein Ex-Mann tobte vor uns herum. Ich bat ihn inständig, sich vor den Kindern zusammenzureißen. Erfolglos. Er schrie immer weiter. Der Älteste und seine Freundin wollten den Abend beenden und ins Bett gehen und auch er sagte dann, er gehe jetzt schlafen, „aber in den Keller, denn mit der Schlampe hier" – er deutete dabei auf mich – „lege ich mich heute Abend nicht ins Bett." Und so verließ er dann die Wohnung.

Meine Kinder, die Freundin des Ältesten und ich waren völlig überfordert. Ich nahm den kleinsten auf den Arm und trug ihn ins Schlafzimmer, auch den mittleren nahm ich mit in mein Bett. Der Älteste und seine Freundin gingen nach oben in die eigene Wohnung. Am 25. wachten wir morgens auf und mein Ex-Mann schien die Nacht tatsächlich im Keller geblieben zu sein. An diesem Tag waren wir alle bei meiner Oma eingeladen. Ich bereitete das Frühstück vor und wir unterhielten uns über die Bescherung des vergangenen Abends. Ich versuchte, die Atmosphäre leicht und fröhlich zu halten, innerlich war ich jedoch noch immer völlig entsetzt. Der Kleinste ging mittags dann irgendwann in den Keller, um zu fragen, ob mein Ex-Mann mit zur Oma kommen wolle. Das wurde verneint. Unserem ältesten Sohn ging es wegen der Eskalation am Abend zuvor richtig schlecht und er wollte auch nicht mitkommen. Und so fuhr ich mit den beiden jüngsten Söhnen alleine zu meiner Oma und erfand für den Rest meiner Familie irgendeine Ausrede. Ich hatte ja Übung darin. Zu oft hatte ich für meinen Ex-Mann schon lügen müssen. Als wir gegen Abend wieder nach Hause kamen, setzten sich der älteste Sohn und seine Freundin zu uns ins Wohnzimmer. Wir spielten mit den Kindern mit den Sachen, die sie zu Weihnachten bekommen hatten. Wir richteten den Laptop ein, versuchten, den Kleinen irgendwie ein schönes Weihnachten zu schenken. Unerwartet kam dann mein Ex-Mann nach oben. Wortlos. Er ging in die Küche, nahm sich etwas zu essen aus dem Kühlschrank und setzte sich an den Esstisch, von dem aus man das Wohnzimmer einsehen konnte. Wir anderen saßen dort auf der Couch. Von ihm in meine Richtung kam: „Sag mal, wann willst du endlich mit diesem Kindergarten aufhören?" Ich war fassungslos. Was wollte er? Ich brachte nur heraus, dass ich nicht angefangen hätte und dann eskalierte die Situation erneut. Er baute sich vor uns auf und brüllte. Er brüllte und tobte und schrie. Beschimpfte mich auf das Übelste vor den Kindern. Es fielen Sätze wie: „Eure Schlampenmutter hat ihre Fotze für jeden Schwanz hier in der Gegend aufgerissen, nur dass ihr es wisst, was sie für eine ist." Unsere Söhne seien Versager. Loser. Sie hätten ja auch leider eine „so dreckige Fotzenmutter", dass dies kein Wunder sei. Seine Hasstriaden nahmen kein Ende. Ich saß zusammengekauert auf der Couch, den kleinsten fest im Arm. Ich weinte, ich flehte ihn an, aufzuhören. Der mittlere saß links dicht neben mir, der älteste und seine Freundin auf der anderen Seite, zur Salzsäule erstarrt. Es hörte nicht auf. Er schrie und brüllte immer weiter, lief unruhig vor uns auf und ab. Er spuckte und schrie. Und dann passierte es! Das, was mein Leben auf einen Schlag ändern sollte. Das, was mir bis heute vor Staunen und vor Entsetzen den Atem raubt, wenn ich mich daran erinnere.

Mein mittlerer Sohn, er war damals elf Jahre alt, atmete tief ein. Er begann zu zittern und dann spannte sich sein ganzer Körper an. Er stand ganz langsam auf und ich begriff zuerst nicht, was er tun wollte. Doch dann stand mein elfjähriger, so zarter, so verletzter Sohn vor meinem Ex-Mann, mit geballten Fäusten und schrie. Ich habe ihn noch nie und auch seither nicht mehr so laut schreien hören wie damals. Er baute sich vor meinem Ex-Mann, seinem Vater, auf und schrie aus vollem Halse: „Hau ab!" Er holte Luft: „Lass uns endlich in Ruhe! Geh wieder in deinen Keller!". Sein Vater verstummte. Stille. Wir waren alle für einen Moment eingefroren. Dann drehte sich mein Ex-Mann um und verschwand wortlos im Keller. Wir atmeten durch.

> Steffi: „Meine liebe Carlotta. Was dein Sohn damals gemacht hat, treibt mir bis heute Tränen in die Augen! Dein Ex-Mann kommt aus einer so langen Linie von männlicher Gewalt von Vätern gegenüber ihren Söhnen und er hat diese Gewalt auch an deine Kinder weitergegeben. Da ich weiß, wie es deinen Söhnen noch heute geht und wie sehr sie noch heute um ihren Platz im Leben kämpfen, ist es wie ein Wunder, dass sich dein Sohn so gegen seinen eigenen Vater zur Wehr setzen konnte. Das hat er dir zu verdanken. Ich hoffe, du weißt das! Ich weiß, dass du dich manchmal noch immer innerlich zerfleischst dafür, dass du deine Kinder da nicht früher rausgeholt hast, dass du dich da nicht früher rausgeholt hast. Aber du solltest auch stolz sein. Denn in dem ganzen Elend und in der ganzen Gewalt hast du es geschafft, Söhne zu erziehen, die diese lange Linie von Gewalt durchbrochen haben. Mit elf Jahren! Dein Sohn wurde schon immer als zu zart gesehen, als zu schwach, als zu sonderbar. Aber Carlotta! Dein Sohn ist der stärkste Mensch, den ich kenne. Er war stär-

> ker als sein Vater, stärker als seine Brüder und stärker als du. Und er konnte nur so stark sein, weil du ihn so stark gemacht hast! Du musst ihm das sagen. Er wächst in dem Glauben auf, dass er zu schwach sei für die Welt. Dabei trägt er so eine Macht in sich, dass er schaffen konnte, dich und seine Brüder und sich selbst aus dieser Gewalt zu befreien! Mit nur einem einzigen Schrei."

Aus der tiefen Stille der Situation heraus hörten wir noch, wie die Tür ins Schloss fiel. Die Freundin unseres ältesten Sohnes drehte sich zu uns um und fragte uns völlig abgeklärt, ob wir uns darüber im Klaren seien, dass mein Ex-Mann eine Persönlichkeitsstörung habe. Wir wussten es nicht, zumindest war uns das nicht bewusst. Aber plötzlich schienen sich die Puzzleteile alle zusammenzusetzen. Ich schämte mich zutiefst. Dafür, dass nicht ich aufgestanden war. Dafür, dass nicht ich meine Kinder beschützt hatte. Dafür, dass nicht ich schon vor Jahren, als alles begann, die Reißleine gezogen hatte. Ich spürte eine tiefe Ohnmacht in mir, gleichzeitig aber auch eine Befreiung, weil ich wusste, dass meine Ehe mit diesem Schrei nun definitiv beendet war.

Noch an dem Abend, nur eine kurze Zeit später, kam er wieder aus dem Keller nach oben in die Wohnung. Noch immer betrunken, seit den späten Nachmittagsstunden am Heiligabend. Er brüllte, dass er sich nicht aus seinem eigenen Haus werfen lasse, nahm dann den Autoschlüssel und verschwand. Unser ältester Sohn, seine Freundin und ich begannen uns zu unterhalten. Vor allem der älteste und ich erzählten ihr von unendlich vielen Eskapaden. Davon, wie er vor den Kindern immer öfter die Fassung verlor, wie er schrie, wie er mich immer wieder zwischendurch auch körperlich von sich wegstieß. Was darüber hinaus noch zwischen ihm und mir passiert war, wie weit seine Gewaltausbrüche mir gegenüber schon gegangen waren, behielt ich jedoch für mich. Meine Söhne wissen bis heute nichts davon. Die

Freundin meines Sohnes kannte ihn zu diesem Zeitpunkt noch nicht so lange, erst ein paar Tage zuvor war sie mit unserem Sohn zusammen in die Dachgeschosswohnung gezogen. Sie fiel aus allen Wolken. Sie hatte nicht ahnen können, wie zerrüttet die Familie bereits war. Für mich stand ab diesem Zeitpunkt definitiv fest, dass ich etwas ändern würde. Der Schrei meines Sohnes hatte mich wachgerüttelt.

*Mein lieber Sohn.*
*Weil ich laut deiner Therapeutin keine alten Wunden aufreißen und daher die ganze Situation möglichst nicht in dein Gedächtnis zurückrufen soll, nutze ich diesen Kanal, um festzuhalten, was ich dir seit diesem Zeitpunkt sagen wollte. Wenn du alt genug bist, wirst du dieses Buch in die Hand nehmen und dann wirst du auch die folgenden Worte lesen:*

*Lieber* ▇,
*mein kluger Schatz. Ich weiß nicht, ob ich die richtigen Worte finden kann. Ich glaube nicht, dass man diese Gefühle überhaupt in Worte fassen kann. Auf der einen Seite bin ich so stolz darauf, dich als meinen Sohn zu haben und zu wissen, was du für eine unsagbare Kraft in dir hast. Auf der anderen Seite schäme ich mich zutiefst dafür, dass mir diese Kraft damals gefehlt hat. Es wäre meine Aufgabe gewesen, aufzustehen. Doch du warst der Auslöser. Du warst meine Montagepunktveränderung. Ich habe sofort gewusst, dass dein Aufschrei unsere Befreiung sein würde. Schrecklich für mich ist, dass du so leiden musstest. Dass du immer noch so leiden musst – bis heute. Denn dieser Schrei hat etwas mit dir gemacht. Und es war nichts Gutes. Das ist mehr als traurig. Das alles löst so eine Hilflosigkeit in mir aus. Und doch will ich mich nicht entschuldigen. Das kann ich auch gar nicht. Das ist nie entschuldbar. Es geht auch nicht darum. Was bleibt, ist, dass ich anerkenne, dass ich damals nicht richtig gehandelt habe. Dass ich tatsächlich als Mutter in diesem Be-*

*reich unserer Familie nichts unternommen habe. Einfach, weil ich blind war für so vieles. Ich hätte dich beschützen müssen. Viel früher schon. Natürlich habe ich alles getan für dich und deine Brüder, im Alltag, in unserem Leben zu der Zeit. Und ich habe mit bestem Wissen und Gewissen gehandelt. Wollte immer eine schöne Kindheit für dich und deine Brüder. Unbeschwertheit, Freiheit, Geborgenheit, Liebe. All das, was man sich für sein Kind wünscht.* **Weil ich dich liebe.** *Über alles. Es ist unfassbar schlimm für mich, dass ich erst durch dich meine Augen aufgemacht habe. Aber weißt du, was noch schlimmer ist? Selbst zu diesem Zeitpunkt habe ich meine Augen noch nicht weit genug geöffnet. Auch das hat noch seine Zeit gebraucht. Ich hoffe, dass es jetzt, da wir zur Ruhe gekommen sind, möglich für dich ist, zu heilen, anzukommen, dich behütet zu fühlen. Niemand kann sagen, was alles passieren wird. Ich kann aber sagen, dass ich alles tun werde, was möglich ist, damit du nie wieder für Dinge geradestehen musst, für die du nicht verantwortlich bist. Auch wenn du jetzt schon 14 Jahre alt bist, wünsche ich mir, dass du noch ein bisschen Kind bleiben und jetzt einfach ein „stinknormales" Leben führen kannst. Ich bin da. Und werde es immer sein. Es ist jetzt alles gut und wir nehmen uns Zeit. Für alles, was du brauchst. Ich weiß, dass du unfassbar stark bist, dass du damals schon stärker warst als ich. Bitte lass dir das niemals nehmen!*

Und meinen beiden anderen Söhnen möchte ich auch noch etwas sagen:

*Lieber* ▬,
*mein kleiner Liebling, irgendwie bin ich froh, dass dieser ganze Film noch am meisten einfach an dir vorbeigezogen ist. Trotzdem hast du viel abbekommen, zu viel. Auch das ist entsetzlich für mich,* **weil ich dich liebe**. *Du bist bis heute noch so klein und zart für deine elf Jahre. Ich wünsche mir, dass du in*

*dir drinnen deine Zartheit behältst, aber dass du „groß" wirst und dir bewusst wird, was alles in dir steckt. Ich bin stolz auf dich. Du wirst deinen Weg gehen, ganz sicher und ich werde dir immer die Hand reichen, wenn du sie brauchst.*

*Lieber* ▇,
*Du warst immer da. Für mich, für deine Brüder. Du hast alles mit ertragen, mitgetragen, hast alles geschluckt. Es tut mir unfassbar leid, dass auch du so lange, ja, am längsten von uns allen, diesem Leben mit deinem Vater ausgesetzt warst. Jetzt bist du 22. Hast immer noch zu kämpfen, hast immer noch viele Probleme, dein Leben zu bewältigen. Ich wünsche mir für dich, dass auch du jetzt heilen kannst, damit du endlich leben kannst. In dir steckt mehr als du dir zutraust. Natürlich fände ich es am besten für dich, wenn du den Kontakt zu deinem Vater einstelltest. Aber das musst du für dich allein entscheiden. Du wirst es schaffen, dein Leben zu sortieren. Du weißt, ich bin für dich da. Auch wenn ich nicht deine leibliche Mutter bin, bin ich doch deine Mama und werde es immer bleiben.* **Ich liebe dich.**
*Ihr drei seid in manchen Bereichen so viel stärker und größer und kraftvoller als ich mir je zu träumen gewagt hatte. Ihr musstet es sein, weil ich zu schwach war. Aber ich setze alles in meinem Leben daran, das wieder gut zu machen. Ich liebe euch so sehr!*

Ich ging an diesem Weihnachtsabend, der alles veränderte, abends mit den beiden Kleinen in mein Bett. Am 26.12. morgens gegen sechs Uhr, hörte ich ihn das erste Mal wieder in die Wohnung kommen. Er kam kurz ins Schlafzimmer, sah aber, dass wir alle im Bett lagen, und ging wieder hinaus. Er legte sich in das Bett unseres jüngsten Sohnes. Ich stand auf und ging zu ihm, weil ich wissen wollte, was er tat. Er lag auf dem Bett, zusammengekauert, und weinte. Als ich neben dem Bett stand, nahm er meine Hände und flehte mich laut schluchzend an: „Bitte verlass mich nicht, bitte verlass mich nicht." Er krallte sich regelrecht an mir fest. Ich konnte spüren, dass er am Ende war. Die Zeit der Ausraster war für diesen Moment vorbei, zu tief war er selbst zusammengebrochen. Ich war völlig klar und sagte ihm ganz deutlich, dass es vorbei sei. „Das mit dem ‚nicht verlassen' ist schon lange vorbei, denn du hast uns schon längst verlassen." Es sei zu spät. Meine Entscheidung stand felsenfest. Als er sich nach und nach beruhigte, bestand ich immer energischer darauf, dass es eine Lösung geben müsse. In den anschließenden Tagen versuchten wir, uns ein wenig zu sortieren. Er blieb zurückhaltend, klein, teilnahmslos. Wir lebten die Tage nebeneinanderher. Er fühlte sich an wie ein Geist, der zwar in unserer Wohnung anwesend war, aber nirgendwo greifbar. Wir feierten dann beim Ältesten im Dachgeschoss zusammen mit ein paar Freunden meines Sohnes Silvester. Mein Ex-Mann nahm zwar teil, aber auch hier war er nicht wirklich ansprechbar oder sagte selbstständig etwas. Die ganze Situation war ein weiteres Mal wie im Film, nur hatte sich die Atmosphäre geändert. Ich konnte atmen. Ich fühlte mich immer stärker, er war innerlich zerbrochen. Zumindest in dieser Zeit. Vielleicht hat er auch nur so getan, ich kann das nicht ausschließen. Wichtig war aber, dass ich mich verändert hatte. Und das war entscheidend.

An seinem Geburtstag ein paar Tage später sagte ich ihm, dass auch eine räumliche Trennung hermüsse. Dringend. Innerhalb von zwei, drei Tagen renovierte er sein Jugendzimmer bei seiner pflegebedürftigen Mutter im ersten Stock und zog nach oben. Unsere beiden jüngsten Söhne und ich waren zusammen mit den so geliebten Katzen das erste Mal allein. Wir bewohnten die Erdgeschosswohnung, mein Ex-Mann lebte mit seiner Mutter im ersten Stock und unter dem Dach wohnte unser ältester Sohn mit seiner Freundin. Frei fühlte ich mich nicht, aber ich konnte ein bisschen durchatmen.

Er war so reumütig, wollte so sehr eine Veränderung zum Guten, dass ich vorerst daran festhielt, dass es vielleicht in einem

Haus, in getrennten Wohnungen, funktionieren könnte. Die Entscheidung traf ich auch den Kindern zuliebe.

> Dani: „Den Kindern zuliebe? Du hast gedacht, dass es eine gute Idee sei, die Kinder in der Nähe eines gewalttätigen Alkoholikers zu lassen, der vor den Scherben seiner Ehe stand und völlig unberechenbar und krank war? Merkste selbst, ne?"

Wenn die Beziehung zwischen meinem Ex-Mann, den Kindern und mir dauerhaft in einem gemeinsamen Haus funktionieren sollte, musste ich mir meine Sicherheit erarbeiten, das stand für mich fest. Entsprechend knüpfte ich Bedingungen an das Zusammenleben: Mein Ex-Mann durfte nur dann in die Wohnung, wenn er zuvor anklopfte und ich ihn hineinbat. Er sollte keinen Alkohol mehr trinken. Und ganz oben auf der Liste stand, dass er eine Therapie machen musste. Ich sagte ihm immer wieder, dass ich mit den Kindern sofort weg wäre, wenn er sich nicht an diese Bedingungen hielt. Er sicherte mir zu, dass diese Regeln für ihn völlig in Ordnung seien. Er beteuerte mir regelrecht, es würde alles gut funktionieren, ich solle nur unter allen Umständen bleiben.

Entsprechend verliefen die kommenden Monate recht ruhig. Er unternahm mit den Kindern mehr als in den letzten zehn Jahren zusammen. Sie waren tatsächlich auch mal ein ganzes Wochenende bei ihm in der Wohnung und verbrachten dort ihre Zeit. Wir zwei sahen uns wenig, liefen uns im Treppenhaus ab und zu über den Weg. Wenn mir gemeinsame Gespräche zu viel wurden, hatte ich das erste Mal den Mut, diese abzubrechen. Und er akzeptierte das. Von Scheidung war nie die Rede. Die räumliche Trennung schien mir genug. Außerdem war uns beiden klar, dass im Falle einer Scheidung die Kreativwerkstatt durch die anstehenden Unterhaltszahlungen stark in Mitleidenschaft gezogen würde. Auch steuerlich konnten wir beide die Vorteile gut gebrauchen. Eine Regelung mit den Kindern stand ja auch. Für mich stellte sich die Frage nach einer Scheidung gar nicht.

Nach ein paar Monaten ohne jegliche Zwischenfälle tauchten plötzlich unangenehmen Fragen auf, mit denen mein Ex-Mann mich zwischen Tür und Angel konfrontierte: „Du hast mir doch versprochen, dass wir zusammen alt werden. Du hast mir versprochen, dass du meine Hand halten wirst, wenn ich sterbe, du kannst doch deine Versprechen nicht einfach jetzt brechen?!" Er sah nicht, dass sich alles verändert hatte. Dass meine Versprechen, so ernst ich sie mal gemeint hatte, nun nicht mehr existierten. Ich war so schwer verletzt, dass ich alle Versprechen, die ich ihm gegenüber jemals abgegeben hatte, nicht mehr einhalten konnte. Ich versuchte, ihm Bilder zu zeichnen, die er verstehen konnte. Dass, wenn ich meiner Nachbarin verspreche, ihr beim Umzug zu helfen, mir aber kurz davor das Bein breche, ich dann mein Versprechen auch nicht halten könne. Ich hatte nicht das Gefühl, dass er es verstand. Er antwortete nur: „Na ja, aber du könntest ja trotzdem meine Hand halten, wenn ich mal sterbe, oder?"

„Nein! Kann ich nicht. Vor allem aber will ich nicht. Ich will nicht mehr. Ich will keine wochenlangen Bauchschmerzen mehr. Ich will keine Angst mehr haben. Ich will frei atmen können.", das war, was mir durch den Kopf ging. Aber ich sagte es ihm nicht. Ich würde sowieso nicht zu ihm durchdringen. Es kamen weitere Fragen wie: „Wir kennen uns doch so gut, wir könnten doch beste Freunde werden, oder?" Der Gedanke war so absurd. Nein, konnten wir nicht! Mir war nur wichtig, dass wir uns wegen der Kinder gut verstanden. Und das reichte mir an Kontakt aus! Solche Unterhaltungen endeten immer in Enttäuschung und Traurigkeit. Auf beiden Seiten. Bei ihm, weil er sich seinem Ziel nicht näher sah, bei mir, weil ich immer mehr erkennen musste, dass er nichts verstanden hatte. Wir wohnten in einem Haus, für mich war die Trennung spürbar. Für ihn war sie nur ein Zwischenschritt zu einem neuen „Wir". Ich wurde immer ruheloser und wusste nicht, wie ich mich aus dieser Ruhelosigkeit befreien sollte.

# Kapitel 10 – Alles auf Neu und was Scham und Schuld damit zu tun haben

Mittlerweile war Sommer und er hatte immer noch keinen Therapieplatz. Ich hatte für mich selbst Ende Juli einen Termin bekommen. Ich wollte meine Ehe ja auch aufarbeiten und brauchte Hilfe dabei. Vor allem musste ich lernen und verstehen, warum ich in so eine krasse Co-Abhängigkeit hineingerutscht war. So etwas sollte mir niemals wieder passieren. Die Gespräche mit der Therapeutin verliefen gut, ich machte kleine Schritte. Aber ich war bereit, den ganzen Weg zu gehen.

Im August beschloss ich relativ spontan, Alex zu besuchen. Ich hatte ihn ja noch nie persönlich kennengelernt. Wir hatten zu dem Zeitpunkt nur sehr wenig bis keinen Kontakt. Sehr selten schrieben wir uns mal eine rein oberflächliche Nachricht, aber unsere ehemals so intensive Freundschaft war irgendwie erloschen. Dennoch beschloss ich, ihn einfach zu besuchen, ohne das anzukündigen. Ich plante die Fahrt für ein Wochenende, an dem die Kinder bei meinem Ex-Mann waren, auch unser ältester Sohn sollte sich mit um seine Brüder kümmern. Da ich wusste, wo er arbeitete, fuhr ich dann einfach direkt zu Alex' Arbeitsstelle. Er arbeitete im Freien und ich musste einen Kollegen darum bitten, Alex für mich zu rufen. Und dann kam er aus einem Nebengebäude und wir sahen uns das erste Mal. Es war wahnsinnig schön, ihn kennen zu lernen. Ich wusste ja nicht, wie er reagieren würde, immerhin war mit seiner Frau ja auch ein großer Streit ausgebrochen. Aber er freute sich ebenso wie ich. Wir fielen uns in die Arme und für mich war in diesem Moment klar, dass alle Gefühle, die ich für Alex gehabt hatte, nicht nur nicht weg, sondern noch intensiver waren, als ich es mir je eingestanden hätte. Natürlich hatten wir in der Vergangenheit auch eine innige Verbindung, aber diese bestand ja nur durchs Schreiben oder Telefonieren. Und als wir uns jetzt das erste Mal gegenüberstanden, war uns beiden schlagartig klar, dass wir uns liebten. Wir verbrachten ein wundervolles Wochenende miteinander und ja, wir schliefen auch miteinander. Aber für mich war von Anfang an klar, dass wir beide keine lockere Affäre wollten. Wenn es überhaupt einen Menschen gab, dem ich mich wieder anvertrauen könnte, dann war es Alex. Er gestand seiner Frau, dass wir beide wieder Kontakt miteinander hatten, dass er Gefühle für mich hatte, dass wir miteinander geschlafen hatten. Und seine Frau fing an, um ihn zu kämpfen. Für Alex war das zu viel. Seine Familie, seine Beziehung zu seinen Kindern stand auf dem Spiel und so zog er sich zurück und bat mich darum, ihm Zeit zu geben. Er wollte die Situation soweit klären, dass er aus seiner Ehe gehen konnte, ohne dabei alles kaputt zu machen. Das war keine einfache Zeit für mich, da ich mit meinen Gefühlen ganz bei Alex war. Aber unser Kontakt war fast nicht existent. Zu sehr war Alex mit seiner Familie und dem Klären des Ganzen beschäftigt. Es passierten noch weitere Schicksalsschläge, die ihn gefangen nahmen und ich konnte nichts anderes tun als warten. Dieser Prozess dauerte insgesamt ein halbes Jahr. Im Februar des Folgejahres trennte sich Alex endgültig von seiner Frau und dann fanden wir sofort zueinander. Er zog zu einem Freund und blieb der engagierte Vater für seine beiden Töchter. Wir führten eine Fernbeziehung, ohne zu wissen, wie es für uns einen Alltag geben könnte. Er wohnte gute vier Stunden von mir entfernt, hatte einen Job, Freunde, war dort fest verwurzelt. Auch ich konnte nicht einfach alles aufgeben und wegziehen. Meine Kinder hatten ihr soziales Umfeld, ich meinen Job, Freunde und Familie. Und so blieben wir erstmal in einer Beziehung auf räumliche Distanz und versuchten, uns jedes Wochenende zu besuchen.

Ab diesem Zeitpunkt wurde es ungemütlich bei mir zu Hause. Mein Ex-Mann hatte natürlich mitbekommen, dass ich in einer neuen Beziehung steckte. Dass es ausgerechnet Alex war, das rote Tuch von damals, versetzte ihm einen herben Stich. Er beteuerte immer wieder, dass er uns das Beste wünschte, aber es war nicht ehrlich gemeint. Das konnte ich spüren. Und er veränderte auch sein Verhalten. Er unternahm am Wochenende immer weniger mit den Kindern, war enttäuscht von ihnen, wenn sie nicht mit zum Motorsporttraining wollten. Er ließ sie bis in die Nacht hinein Computerspiele zocken, auch weil ich den Eindruck hatte, dass er sonst nicht wusste, was er mit ihnen machen könnte. Und er stellte ihnen immer wieder unangenehme Fragen zu Alex und mir. Er hatte Angst, dass wir umzögen. Weg von ihm. 400 Kilometer zu Alex. Er setzte die Kinder unter Druck, bat sie ständig, ihn nicht zu verlassen. „Ihr dürft mich nicht alleine lassen. Ich schaffe es ohne euch nicht." Oder er drohte: „Wenn die Mama mit euch wegzieht, dann könnte ich sie verklagen". Die Kinder waren nach jedem Wochenende bei ihm total durcheinander. Und sie stellten mir Fragen, was der Vater damit meinte. Ich war dann immer damit beschäftigt, sie zu beruhigen, ihnen klar zu machen, dass alles gut sei und dass den beiden nichts Schlimmes passieren würde. Was es bedeutete, wenn er mich „verklagen" würde und dass dabei nichts passieren könnte, was den beiden schadete. Ich hatte ja auch gar nicht vor, direkt zu Alex zu ziehen. Dieser Schritt erschien mir zu groß. Dennoch dämmerte mir immer mehr, dass ich aus dem Haus ausziehen musste. Denn zusätzlich zu den Wochenenden, die die Kinder in der Wohnung bei ihm verbrachten, gab es natürlich auch Begegnungen im Hausflur, kurze, meist angespannte Gespräche oder Vorwürfe, die von ihm gegen mich gefeuert wurden. Meistens passierte es, indem er seinen ältesten Sohn, der damals um die 20 Jahre alt war, nutzte, um seinen Frust abzulassen und ihn gegen mich aufzuhetzen. Dieser fühlte sich zunehmend überfordert, wollte es allen recht machen und entwickelte eine bis heute andauernde Angststörung. Die beiden anderen Jungs waren auch immer öfter verwirrt und durcheinander, hatten immer wieder Ängste. Aber ich konnte nicht mit meinem Ex-Mann darüber reden, ich wollte nicht, dass es wieder eskalierte. Die Atmosphäre im Haus wurde zunehmend unerträglich und drückend. Ich fing an, mich nach Wohnalternativen in der näheren Umgebung umzusehen, allerdings so unambitioniert, dass ich mich noch heute dafür ohrfeigen könnte. Wenn ich an Wochenenden allein zu Alex fuhr, blieben die Kinder bei meinem Ex-Mann. Aber mein jüngster Sohn rief mich an solchen Wochenenden fast permanent an und fragte mich nach Belanglosigkeiten oder wann ich endlich wieder nach Hause käme. Ich weiß heute, dass er sich damit ablenken und aus dem Zugriffsbereich seines Vaters entziehen wollte. Denn wenn er mit mir telefonierte, musste er sich nicht mit seinem Vater auseinandersetzen.

> Dani: „Du hast die Kinder also wirklich alleine bei deinem Ex-Mann gelassen? Nur, um am Wochenende Zeit mit deinem neuen Freund zu verbringen? Wollten die denn überhaupt noch bei ihm sein? Oder hast du das für deine eigenen Pläne einfach ignoriert?"

Aus heutiger Sicht mag diese Frage brutal sein. Doch sie hat ihre Daseinsberechtigung. Tatsächlich hatte ich vor jedem Wochenende immer peinlich genau darauf geachtet, dass unser ältester Sohn auch für die Kinder da war. Und auch wenn mir klar war, dass die Zeit mit meinem Ex-Mann nicht mit qualitativ hochwertigen Aktivitäten gefüllt war, freuten sich die Kinder ein wenig darauf, mal eine Nacht durchzuzocken. Aber ja, ich habe da meine eigenen Bedürfnisse über das Wohlergehen meiner Kinder gestellt. Ich kann mich davon nicht freisprechen. Und auch, dass ich immer ein schlechtes Gewissen hatte, entbindet mich nicht von dieser Tatsache. Insgesamt war ich etwa drei Mal ohne meine Kinder bei Alex. Kurz danach beschloss ich dann, sie immer mitzunehmen. Zum einen, weil mein schlechtes Gefühl mich eingeholt hatte, zum anderen, weil sie Bestandteil meines neuen Lebens mit Alex sein sollten. Und schließlich besuchte auch er mich, wann immer es für ihn möglich war.

Die Beziehung zu Alex lief nun schon gute drei Monate, es wurde Frühling und immer wärmer. Parallel dazu ging es meinem

Pony leider immer schlechter. Schon seit Jahren hatte es Lungenprobleme. Diese bekam ich nicht mehr in den Griff. Nicht nur, weil mir in meinem neuen Leben die Zeit fehlte, sondern auch, weil die Krankheit immer rapider fortschritt. Ich war mit der Gesamtsituation so dermaßen überfordert, dass ich nicht sehen konnte, dass mein Pony schon lange hätte gehen müssen. Ich hielt an allem fest, was ich aus meinem alten Leben noch Gutes mitgenommen hatte und dazu gehörten auch meine beiden Pferde. Schließlich stand aber die Entscheidung, mein Pony einschläfern zu lassen. Für mein anderes Pferd wollte ich jedoch zuerst einen Pflegeplatz haben, weil mir klar war, dass es nicht alleine bleiben konnte. Außerdem war es selbst auch schon sehr alt und ich wollte ihm einfach einen würdevollen Lebensabend bereiten. Ich fand bei uns in der Nähe einen schönen Stall. Vielleicht war die Pferdeherde insgesamt zu groß, vielleicht war alles ein bisschen zu viel, aber ich hatte weder Zeit noch Nerven, mich noch besser zu kümmern. Meine Ponys hatten schon während meiner Ehe so gelitten und ich war mir aus der Retroperspektive nicht sicher, ob ich immer alles Notwendige getan hatte. Zu sehr hatte mich die Beziehung zu meinem Ex-Mann manchmal gefangen gehalten. Zumindest jetzt wollte ich die Situation schnell für die Tiere lösen und alles zumindest so gut ich konnte zu Ende bringen.

Mein Geburtstag im Juni fiel in diesem Jahr auf einen Sonntag, für den Montag hatte ich mit der Tierklinik einen Termin zum Einschläfern des Ponys ausgemacht. Meine liebe Freundin Barbara war inklusive Hänger für den Umzug des anderen Pferdes auch schon bereit, mich an diesem schweren Tag zu unterstützen.

An meinem Geburtstag waren die Kinder noch oben bei ihrem Vater, ich hatte aber ausgemacht, dass sie etwas früher herunterkommen sollten. So konnte ich mit allen Kindern noch ein bisschen feiern und hatte vor, mich mit ihnen zusammen von unserem Pony zu verabschieden. Der älteste Sohn und seine Freundin waren auch da, wir saßen zusammen am Kaffeetisch.

Der Kleinste hatte wohl oben etwas vergessen und ging nochmal los. Da er nicht wiederkam, bat ich den Ältesten, einmal nachzuschauen. Auch das dauerte etwas, aber er kam dann kopfschüttelnd wieder. Ich hörte, dass auch der Kleine wieder runterkam und direkt in seinem Zimmer verschwand. Ich ging zu ihm, fand ihn zusammengerollt im Bett liegend und laut weinend. Er habe solche Angst gehabt, dass der Papa noch mehr ausrasten könnte. In der Zeit, in der mein jüngster Sohn nur kurz etwas holen wollte, hatte mein Ex-Mann wohl wieder so laut und eindringlich davon gesprochen, dass ich nicht ausziehen dürfe und hatte schlimm über Alex und die ganze Situation geschimpft. Es muss grauenhaft gewesen sein. Der Älteste konnte das bestätigen. Ich war ein weiteres Mal vor den Kopf gestoßen. Mein jüngster Sohn lag kauernd im Bett. Es war mein Geburtstag. Und es galt auch noch, sich um mein Pony zu kümmern. Es ging aber wie immer nur um meinen Ex-Mann.

Es zieht sich wie ein roter Faden durch diese Geschichte. Immer, wenn es etwas gab, das nichts mit ihm zu tun hatte, musste das geändert werden – so dass sich alles um ihn drehte. Er musste der Mittelpunkt sein. Er musste derjenige sein, der die Situation dominierte. Er war der Fokus, der Auslöser, der Täter.

An meinem Geburtstag waren die Kinder fix und fertig. Zu tief saß die Eskalation ihres Vaters. Es gab keinen gemeinsamen Abschied von unserem Pony. Ich wollte ihnen das nicht auch noch zumuten. Sie hätten auch keinen Kopf dafür gehabt. Stattdessen kuschelten wir uns zusammen ins Bett. Dann fragte mich der Kleinste, was Selbstmord sei. Ich erklärte es und fragte, warum er das wissen wolle. Er weinte und sagte mir, dass Papa gesagt habe, dass er Selbstmord begehe, wenn wir auszögen. Was für eine Bürde legt man auf ein neunjähriges Kind? Die Kinder waren fertig. Ich war fertig, konnte kaum schlafen. Ganz früh am Morgen des nächsten Tages kamen schon Barbara und der Tierarzt. Mein Kopf platzte. Ich bat den Ältesten, bei den Kleinen zu bleiben, ich wollte nicht mehr, dass sie alleine in der

Wohnung waren. Ich kannte diese Unberechenbarkeit meines Ex-Mannes einfach zu gut und ich hatte Angst vor ihr. Alex konnte leider wegen seines Jobs nicht da sein. Die ganze Prozedur um den Tod meines Ponys und den Umzug des anderen Pferdes war wie im Film. Ich habe einfach alles nacheinander abgehakt. Ich war voll und leer zugleich. Mir war schlecht. Ich wollte diese Bauchschmerzen nicht mehr. Nie mehr. Nie mehr. Barbara konnte das alles sehen. Sie hatte das schon vor Jahren gesehen. Alles. Wir hatten dann noch ein ruhiges Gespräch. Mir war klar, dass das hier nicht so bleiben konnte. Barbara riet mir, so schnell ich könne auszuziehen, ich muss grauenhaft ausgesehen haben, sie machte sich wahrlich heftige Sorgen. Ich wusste, dass mein Ex-Mann vorhatte, in zwei Wochen ein Wochenende wegzufahren. Barbara meinte, sie käme dann. Mit Freunden. Ich solle mit Alex sprechen, ob ich nicht direkt zu ihm ziehen könne. Noch an dem Abend redeten wir. Er war ein wenig überrumpelt, aber sagte, dass wir das zusammen schaffen würden. Ab dem Zeitpunkt hatte ich ein Ziel, eine Frist. Noch zwei Wochen, noch eine. Dann würde ich ausziehen. Ich erzählte weder meinem Ex-Mann noch meinen Kindern davon. Das würde eine klassische Nacht-und-Nebel-Aktion.

Meine Freundin Steffi lag mir ja auch schon seit ewig und drei Tagen in den Ohren, da endlich abzuhauen. Genau wie Dani. Schon lange, bevor ich mit Alex zusammenkam und sich damit ein möglicher Neuanfang aufgetan hatte.

> Steffi: „Ich weiß noch, dass praktisch kein Gespräch zwischen uns mehr stattfand, in dem ich dich nicht immer wieder eindringlich darum bat, auszuziehen. Ich musste über eineinhalb Jahre hinweg beobachten, wie du einzelne kleine Eskalationen immer wieder schöngeredet hast und mir vermitteln wolltest, dass das Zusammenleben mit deinem Ex-Mann schon nicht so schlimm sei. Aber ich bekam einfach nur immer mehr Angst um dich. Und

> dabei wusste ich noch gar nicht alles. Ich weiß nicht, ob das eine Gespräch etwas in dir ausgelöst hat, aber ich hatte das Gefühl, tatsächlich zu dir durchgedrungen zu sein, denn im Anschluss daran standen plötzlich die Pläne und keinen Monat später warst du tatsächlich ausgezogen. Mir tun die Worte bis heute leid und auch, dass ich dich so angreifen musste, aber ich wusste mir nicht mehr anders zu helfen. Ich sagte: ‚Carlotta, dein elfjähriger Sohn hat sich an Weihnachten vor dich gestellt und deine Ehe für dich beendet. Er hat dich und deine Familie befreit aus diesem Strudel von Gewalt und Misshandlung und Quälerei. Mit elf Jahren. Was du nicht geschafft hast. Dein Sohn hat sich vor dich gestellt, jetzt stell dich verdammt noch mal vor ihn und vor deinen anderen Sohn. Wenn du das nicht für ihn tust, bist du eine schlechte Mutter und du solltest dich schämen!'"

Sie hatte Recht. Mit jedem Wort. Ich kann nicht sagen, warum das alles so lange bei mir gedauert hat, vielleicht war ich so fertig, so erschöpft, dass ich froh war um jedes bisschen altes Leben, was ich nicht auch noch ändern musste. In den ersten Monaten nach der Trennung hatte ich das Gefühl, dass sich etwas bei ihm geändert hatte. Er zeigte Reue, er unternahm etwas mit den Kindern, wollte in eine Therapie, bezog mich sogar bei der Suche mit ein. Die Veränderungen zurück zu seinem alten Selbst kamen jedoch langsam und schleichend und ich hatte eine große Toleranzspanne durch die letzten Jahre mit ihm. Es dauerte eineinhalb Jahre. Eineinhalb Jahre! Es war eine Sammlung von vielen Dingen, die das Fass zum Überlaufen brachte; der Tod meines Ponys, die unangenehmen Gespräche mit ihm, der Druck, unter dem die Kinder standen und der immer größer wurde. Die Telefonate mit meinen Freundinnen, die Gespräche mit meinem Bruder und mit Alex. Irgendwann kam die Erkenntnis, dass mein Ex-Mann sich nicht geändert hatte, sich nie ändern würde. Dass ich gehen musste, um wirklich von ihm frei zu sein.

Und dann traf ich die Entscheidung, an dem Tag nach meinem 41. Geburtstag, an dem Tag, an dem ich mein Pony verlor und meine Freundin Barbara mich in den Armen hielt.

Schließlich war es so weit, dass ich meine wichtigsten Menschen einweihte, ihnen mein Versprechen gab. So würde es mir leichter fallen. Ich würde keinen Rückzieher mehr machen. Diesmal nicht. Was dann kam, war tatsächlich der Wahnsinn. Ich habe keine Ahnung mehr, wie es genau zustande kam, aber an dem Samstag, zwei Wochen nach meinem 41. Geburtstag, standen morgens um acht Uhr etwa zehn bis zwölf Leute auf der Matte. Meine Freunde. Und mein Bruder war auch da. Alex hatte in einer Hauruck-Aktion einen LKW gemietet und war mit einem Freund am Abend vorher schon angereist. Mein Ex-Mann war wie geplant über das Wochenende verreist, er hatte sich noch an dem Abend davor verabschiedet. Er wusste ja nicht, dass ich zusammen mit den Kindern ausgezogen sein würde, wenn er am Sonntag wieder nach Hause kam. So waren dann meine Freunde und Familie am Start. Ich sprach erst an dem Morgen mit den Kindern. Dass wir irgendwann ausziehen würden, wussten sie. Natürlich jedoch nicht, dass es jetzt sofort war. Es war sehr aufregend für sie, aber im Großen und Ganzen nahmen sie es überraschend gelassen auf. Meine liebe Freundin Nicole packte die Jungs samt den Haustieren ins Auto und fuhr schon vor Richtung neue Heimat. Ich wollte nicht, dass sie dieses Chaos mitbekamen. Tatsächlich ging dann alles ganz schnell. Ich hatte ja nichts vorbereiten können. Es war nichts gepackt, nicht mal die Zahnbürste. Im Kühlschrank lagen noch die Reste vom Abendessen am Tag zuvor. Der Papierkorb war voll, die Schulranzen standen geöffnet in den Zimmern. Das Einzige, was ich gemacht hatte, war, dieses Vorhaben mit dem Jugendamt und einem Frauen-Opfer-Verein vorab abzusprechen. Es sollte selbstverständlich keine Entführung werden. Selbst die Polizei war informiert. Darum hatte sich mein Bruder gekümmert. Zu sehr hatte ich Angst vor dem Szenario, dass mein Ex-Mann überraschend früher wiederkäme und wegen der Umzugssituation ausrasten würde. Der LKW war um dreizehn Uhr voll, zusätzlich gab es noch einen Anhänger plus Bus. Freunde fuhren dann mit uns bis in die neue Heimat. Ich verabschiedete mich von meinem Ältesten und seiner Freundin – nicht ohne schlechtes Gewissen, weil ich die beiden nun alleine ließ in diesem Haus. Allerdings war beiden ohnehin klar, dass auch sie ausziehen würden. Bald. Sie konnten es ebenso schwer in diesem Haus ertragen. Insgesamt verlief alles reibungslos. Die Kinder kannten sich bei Alex ja schon aus. Meine Möbel packten wir in die Garage. Ich hatte zwei Koffer gepackt mit all den Sachen, die wir für unseren Neuanfang direkt brauchen würden. Der Rest würde sich ergeben. Am Sonntagmorgen dann schrieb ich meinem Ex-Mann folgende Nachricht:

*Ich bin mir nicht sicher, ob ich jetzt die richtigen Worte finde, aber ich gebe mein Bestes. Wenn du das jetzt liest, dann sind wir bereits weg. Weg aus ▆▆▆▆▆▆▆. Die Entscheidung, jetzt so spontan zu gehen, habe ich zwar tatsächlich sehr kurzfristig, aber nicht unüberlegt getroffen.*
*Den Kindern geht es gut und du wirst sie weiterhin regelmäßig sehen. Das ist mir sehr wichtig, dass du das weißt und dass ich mein Möglichstes dafür tun werde.*
*Ich konnte es dir aber vorher nicht sagen. Meine Angst vor dir und deiner Reaktion war zu groß. Auch wenn du schon wusstest, dass es irgendwann soweit sein würde, hatte ich, seit ich generell mit dem Gedanken spiele, auszuziehen, große Angst davor, dir irgendwann ein Datum nennen zu müssen.*
*Und vielleicht ist es auch besser so. Lieber ein Ende mit Schrecken, als ein Schrecken ohne Ende. So musst du dir den Kopf nicht weiter zerbrechen. Auch wenn das jetzt echt verdammt hart ist. Die Kinder waren so verwirrt in den letzten Wochen, obwohl gar nicht ich das Thema Umzug so thematisiert habe. Klar hat ▆▆▆ etwas von einem Telefonat mitbekommen, aber da ging es gar nicht um meinen konkreten Umzug mit den Kindern. Viel mehr hat es sie dann belastet, dass du ihnen zu verstehen*

*gegeben hast, dass du es ohne sie nicht schaffen würdest und sogar mit Selbstmordgedanken gespielt und diese auch geäußert hast, was gegenüber den Kinder gar nicht geht – ich aber nicht glaube, dass sie sich so etwas ausdenken. Außerdem sind deine Drohungen mit Selbstmord ja nichts Neues für mich. Und auch so hat sich dein Verhalten seit ich mit ▓▓▓ zusammen bin geändert. Ich sehe und spüre auch viel. Und ich achte immer sehr darauf, dass die Kinder nicht so zwischen zwei Stühlen stehen, aber leider scheint dir das noch nicht so gut zu gelingen. Ich würde mir wünschen, dass du die Kinder einfach raus hältst aus Erwachsenenkram. An meinem Geburtstag war ▓▓▓ abends so fertig wie noch nie zuvor. Er hat den ganzen Abend geweint und hatte richtig große Angst vor dir. Es ging wohl unter anderem darum, mich zu verklagen und du musst ziemlich aufgelöst gewesen sein. Ich hatte überhaupt nicht die Möglichkeit, nochmal mit den Jungs zu den Pferden zu gehen, um Abschied zu nehmen, so aufgewühlt war ▓▓▓. Ich hatte solche Angstzustände, hatte solche Sorgen um die Kinder und das ganze Einschläfern von ▓▓▓ wurde komplett überschattet. Es geht verdammt nochmal nicht immer nur um dich! Es war mein Geburtstag, mein Pferdchen war todgeweiht, ▓▓▓ fix und fertig und ich voll im Arsch. An dem Montag habe ich dann beschlossen, jetzt recht zügig auszuziehen und einen Schlussstrich zu ziehen. Ich möchte dich jetzt fragen: Bist du dir im Klaren darüber, was all die Jahre immer wieder passiert ist? Bist du dir im Klaren darüber, was all das mit ▓▓, ▓▓▓, und mir angerichtet hat? Und ja, ich sage dir wieder wie beim letzten Brief auch, es geht hier nicht um Schuld. Aber es geht darum, bewusst zu machen, was man anrichtet und angerichtet hat. Und das wird noch massig Therapiestunden brauchen. Auch für mich. Auch für die Kinder. Ich bin jedoch zuversichtlich, dass es dir irgendwann gut gehen wird. Und auch den Kindern. Und auch mir. Aber das braucht Zeit und Abstand. Du kannst nicht heilen, wenn die Kinder und ich hier sind. Und ich kann das auch nicht. Es wird guttun, loszulassen und festzustellen, was dann passiert und wie sich alles zum Guten fügt. Auch ▓▓▓ wird ja gehen und endlich ein selbstbestimmtes Leben führen können. Das wird ihm sehr guttun. Es fällt mir wahnsinnig schwer, ihn hier zu lassen. Ich werde ihn unfassbar vermissen und ihn so oft besuchen, wie ich kann. Ich schreibe diese Zeilen nicht mit Grimm und Groll, aber schon mit einer gewissen Trauer. Glaube mir, es ist mir verdammt schwergefallen, das jetzt so durchzuziehen. Keine Entscheidung in meinem Leben ist mir jemals schwerer gefallen. Vergiss nicht, wie sensibel und zerbrechlich ich bin. Ich hab immer noch Angst vor dir. Ich sehe auch deine Fortschritte, aber nichtsdestotrotz liegt noch ein langer Weg vor dir. Und ich dachte, es ginge besser und ich bräuchte vielleicht keine Angst mehr zu haben, aber gerade in den letzten Monaten kam vieles wieder hoch und ich habe auch bei dir viele Unsicherheiten gespürt. Ich hatte zu viel Angst, mit dir darüber zu reden. Es ist wohl doch leider insgesamt zu viel passiert. Es ist grauenhaft, dass ich nicht mal mit den Kindern (auch nicht mit ▇) darüber reden konnte. Sie müssen jetzt einiges hinter sich lassen und mit mir ein neues Leben anfangen. Aber wenigstens ist es kein Abschied für immer. Sie werden dich oft besuchen. Ich bin sicher, wir bekommen das gut hin. Auch wenn dich das jetzt aus dem Nichts heraus trifft, hoffe ich ein bisschen, dass du verstehen kannst, dass mir keine Wahl blieb.*

Ob er eine so lange Erklärung verdient hatte? Sie hat quasi nichts bei ihm bewirkt. In seiner Wahrnehmung ist er noch immer das Opfer. Daher kann ich aus heutiger Sicht sagen, was ich eigentlich hätte schreiben können:

*Ich bin weg. Die Kinder habe ich mitgenommen.*

Vielleicht musste ich so eine lange Nachricht verfassen, weil ich trotz allem Schuldgefühle in mir trug und mich für alles schämte. In meiner Therapie ging es immer wieder um Scham- und Schuldgefühle. Meine Therapeutin meinte, dass es wichtig sei, sich auch mit dem eigenen Anteil an dieser Geschichte auseinanderzusetzen. Und auch wenn ich das in jeder Situation durch die Fragen, die ich mir selbst gestellt habe, und die Fragen, die mir von meinen Freundinnen gestellt wurden, schon getan habe, halte ich es tatsächlich für wichtig, nochmals einen zusammenfassenden Blick auf meine Ehe zu werfen, quasi eine Bilanz zu ziehen. Dass ich heute überhaupt dazu in der Lage bin, habe ich vielen Gesprächen mit meiner Therapeutin und meinen Freund:innen zu verdanken. Doch auch der Weg zu dieser Öffnung war ein Prozess.

Nach dem Ereignis an Weihnachten wurde mir direkt bewusst, dass eine Therapie für mich unumgänglich war. Zu groß waren die Traumata und ich konnte mich nicht mehr damit herausreden, dass ich das alleine schon irgendwie schaffen würde. Ich bemühte mich um einen Termin, musste aber fast ein halbes Jahr auf einen Platz warten. Zu meinem Glück fand ich eine noch recht junge, sehr sympathische Therapeutin, bei der ich mich von Anfang an sehr gut aufgehoben fühlte. In den ersten Gesprächen blieb ich noch oberflächlich. Ich riss nur die Borderline-Diagnose meines Ex-Mannes an, erzählte, dass wir als Familie alle unter der psychischen Gewalt wahnsinnig gelitten hatten, die körperlichen Übergriffe sparte ich in den Gesprächen völlig aus. Auch alles, was auf der sexuellen Ebene zwischen ihm, mir und allen anderen stattgefunden hatte, konnte ich nicht ansprechen. Die Scham war einfach zu groß. Dabei schämte ich mich nicht grundsätzlich für meine sexuelle Offenheit, viel mehr für das, was diese aus mir gemacht hatte. Was ich mit mir hatte machen lassen. Alle diese Themen konnte ich einfach nicht ansprechen. In fast einem ganzen Jahr der Therapie schaffte ich es nicht, mich mit diesen tiefen und höchst intimen Traumata auseinanderzusetzen. Meine Therapeutin sagte mir von Anfang an, dass es keine gute Idee sei, noch im gleichen Haus mit meinem Ex-Mann zu leben und währenddessen arbeitete sie geduldig mit all den

Informationen und Gefühlen, die ich ihr zu dem Zeitpunkt offenbaren konnte. Sie begleitete mich schließlich durch meinen Umzug 400 Kilometer weiter weg, stellte sich sogar als begleitende Therapeutin für diesen Tag zu Verfügung, sollte ein Notfall eintreten. Und auch danach, aus der Distanz, konnten wir unsere Gespräche – bis heute – fortsetzen.

Der Auslöser, um über die körperliche Gewalt reden zu können, kam erst über ein Jahr später. Ich wohnte bereits ein halbes Jahr mit Alex zusammen und erfuhr dann, dass mein Ex-Mann eine neue Lebensgefährtin an seiner Seite hatte. Als ich das hörte, überkam mich eine richtige, körperliche Übelkeit. Ich hatte auf einmal Angst um einen Menschen, den ich überhaupt nicht kannte. Mich plagte ein so schlechtes Gewissen, dass ich das dringende Bedürfnis hatte, diese Frau irgendwie zu warnen. Gleichzeitig wurde mir bewusst, dass ich wohl doch noch viel zu verarbeiten hatte. Und der erste Schritt dahin war, meiner Therapeutin in der nächsten Sitzung von all den Gewalttaten, sexuellen Übergriffen und grausamen Gedanken meines Ex-Mannes zu erzählen. Es kostete viel Kraft, meine Scham zu überwinden. Aber ich hatte diese Kraft plötzlich. Denn mir wurde klar, dass alles, wozu mein Ex-Mann im Stande war, nicht mehr nur mit mir zu tun hatte. Er könnte die Geschichte wiederholen, er könnte eine andere Frau ebenso missbrauchen wie mich und die Möglichkeit, das vielleicht verhindern zu können, gab mir Kraft. Immer wieder drängte sich mir das Bild eines Kindes auf, das blind auf die Straße rennt, und ich war dazu in der Lage, es zurückzuhalten, wenn ich nur laut genug schreien würde.

Selbst für meine Therapeutin war diese gesamte Geschichte sehr intensiv und auch sie musste am Ende der Sitzung erst einmal durchatmen. Ich glaube nicht, dass sie wirklich geschockt war, sie hat sicherlich schon weit üblere Geschichten gehört, aber sie spürte einfach, dass ich noch einen gewaltigen Berg an Arbeit und Auseinandersetzung vor mir hatte. Wir sprachen viel über meine Schuldgefühle, die ich vor allem gegenüber meinen Kindern in mir trug und die bis heute noch nicht ganz verschwunden sind. Ob sie jemals verschwinden, kann ich nicht sagen. Wenn ich über andere Betroffene nachdenke, und ich meine hier eindeutig die Opfer solcher Konstellationen, dann möchte ich sagen, **dass sie sich von ihrer Scham und ihrer Schuld befreien müssen!**

Ich weiß mit absoluter Sicherheit, dass ich meine Kinder zu jedem Zeitpunkt meines Lebens, in jeder noch so dunklen Phase, ebenso geliebt habe, wie ich es heute tue. Ich wollte auch damals immer nur das Beste. Und ja, es ist schrecklich, was passiert ist, und ja, die Kinder haben unfassbar gelitten, sind bis heute beeinträchtigt, aber ich habe damals mit allem, was mir zur Verfügung stand, für sie gesorgt und für sie gelebt. Jetzt ist mir bewusst, in welcher Spirale ich gefangen war und das ist der Grund, aus dem ich mich jetzt schäme und schuldig fühle. Damals habe ich das noch nicht gespürt, war blind für all das, was geschehen ist. Ich betone hier dieses JETZT ganz bewusst, denn dieses JETZT gab es damals noch nicht. Auch wenn ich mir immer wieder Vorwürfe mache, versuche ich doch, mich zu erinnern, wie ich mich damals gefühlt habe und mir wird klar: **Ich war eine gute Mama**, ich habe meine Kinder trotz allem immer beschützt und versucht, ihnen das Leben zu bieten, das sie verdient haben. Es lässt sich vielleicht mit einer Art Passivität erklären, da ich niemals aktiv meinen Kindern schaden wollte. Dass sie natürlich trotzdem in einem kranken Familienkonstrukt aufwachsen mussten und bis heute Schwierigkeiten haben, sind Situationen, mit denen ich jetzt arbeiten muss. Aber dieses JETZT gibt es nur, weil ich meine Scham und meine Schuld überwunden habe, noch immer daran arbeite, sie zu überwinden. **Nur so geschieht Heilung!**

Was die Beeinträchtigung meiner Kinder angeht, so kann ich sagen, dass der älteste Sohn, mein Stiefsohn, heute 22 Jahre alt ist und am meisten damit zu kämpfen hat. Ich bin dankbar dafür, dass auch er sich therapeutisch begleiten lässt. Er leidet bis heute immer wieder unter sehr depressiven Phasen und hat noch Kontakt zu seinem Vater. Ich empfinde diesen Kontakt als sehr gestört; seitens meines Ex-Manns dreht es sich immer wieder um Schuldzuweisungen und darum, wie ich negativ auf die ganze Situationen eingewirkt habe. Darunter leidet unser Sohn, fühlt sich hin- und hergerissen. Er will einerseits seine Ruhe, kann sich andererseits noch nicht genug distanzieren. Mein Verhältnis zu ihm ist sehr gut. Wir lieben uns sehr und er verbringt auch oft Zeit mit mir und seinen Brüdern. Allerdings muss ich auch immer wieder lernen, ihn in der Aufarbeitung meiner Geschichte mehr auszuklammern. Sein Alter auf dem Papier täuscht eine erwachsene Haltung vor, die er rein emotional noch lange nicht besitzt. Und manchmal gerät das für mich in Vergessenheit. Aber ich bleibe in der Auseinandersetzung mit mir und unterstütze ihn, wo ich kann.

Der mittlere Sohn hatte schon kurz nach der Trennung seine ersten Therapiestunden. Darum hatte ich mich schon Monate vorher – gegen den Wunsch seines Vaters – gekümmert, weil mir zum Ende der Beziehung langsam bewusst wurde, dass es den Kindern schlecht ging. Bei meinem mittleren Sohn zeigten sich diese Probleme am deutlichsten und gleichzeitig auch am subtilsten. Er tat sich schwer, in seinem sozialen Umfeld Anschluss zu finden, kämpfte mit einem geringen Selbstwertgefühl und mit depressiven Phasen. Er zeigte immer öfter Anpassungsstörungen an neue Situationen. Alle diese Symptome durchmischten sich miteinander und diese Mischung kam schleichend. Das Fatale ist, dass sich eine Art Gewöhnung einstellte. Es kam immer nur ein kleines bisschen mehr dazu und ich fand meinen Umgang damit, tat es ab als individuelles Merkmal eines Kindes in der Entwicklung. Es wurden auch Diagnosen wie eine Autismus-Spektrums-Störung oder Hypersensibilität in den Raum gestellt, konnten durch einen Arzt aber nie bestätigt werden. Stattdessen wurden seine Entwicklung und seine „individuellen Merkmale" massiv durch die Begleitumstände meiner Ehe beeinflusst. Und ich sah diesen Zusammenhang lange nicht. Ich möchte allen Müttern und Vätern, die auch Opfer sind, zurufen: Das darf nicht passieren! Niemand darf sich daran gewöhnen, dass das Kind „halt anders ist". Die Therapien meines mittleren Sohnes reichten von ambulanter bis hin zu stationärer Therapie und umfassten alle Formen. Mittlerweile ist er 14 Jahre alt und auf einem guten Weg. Vieles gelingt ihm in seinem Alltag, doch noch immer gibt es Tage, an denen er sich außer Stande sieht, die normalsten Dinge zu erledigen. Viel zu oft zieht er sich in seine eigene Welt zurück und kapselt sich von seinem echten Leben ab und ich stehe davor und hoffe, dass er nach und nach sicherer den Weg da rausfindet. Ich bin und bleibe zuversichtlich!

Natürlich habe ich mich für den jüngsten Sohn dann ebenfalls um eine Therapie gekümmert. Auch wenn er am wenigsten gelitten hat, was die Zeitspanne des Zusammenlebens mit meinem Ex-Mann betrifft, so ist bei ihm jedoch trotzdem im Bereich Selbstwertgefühl eine große Lücke vorhanden. Insgesamt konnte seine therapeutische Betreuung recht oberflächlich bleiben. Bis heute sind es nur kurze Sitzungssequenzen oder einzelne Gespräche, wenn aktuell etwas aufpoppt. Darüber hinaus zeigt sich mein heute elfjähriger Sohn als lebenslustiger, optimistischer und etwas schüchterner Junge, der Anschluss findet und sich von der ganzen Geschichte am besten abgrenzen kann. Trotzdem ist er in manchen Situationen überfordert und auch recht nah am Wasser gebaut, generell steht er aber sehr stabil in seinem Leben. Und ich bin jeden Tag dankbar dafür!

Mein Ex-Mann war nie angetan von psychologischer Hilfe, er ist tatsächlich bis heute überzeugt davon, dass er allein durch Gespräche seinen Kindern helfen könnte, ihre Probleme zu lösen. Er ist immer noch der absolut unverrückbaren Auffassung, einen guten Draht zu seinen Kindern zu haben. Dass sie den Kontakt größtenteils zu ihm verweigern, nur der mittlere Sohn über das Handy selten Nachrichten austauscht, steht dieser Auffassung nicht im Wege. Persönliche Treffen gibt es vielleicht zwei im Jahr und dann auch nur, weil wir in der Gegend meiner Heimat sind, um dort meine Familie oder Freunde zu besuchen und er diese räumliche Nähe dann nutzt. Und selbst dann dauern diese Treffen kaum mehr als eine Stunde. Darüber hinaus zeigt er quasi keinerlei Eigeninitiative, ruft nicht an, kommt nicht vorbei. Der Kontakt zwischen meinem Ex-Mann und mir beschränkt sich auf bürokratische Angelegenheiten. Ein paar Mal im Jahr schreibt er mich an und stellt sich als verzweifelten Vater dar, der alles dafür tun würde, seine Kinder zu sehen. Seinen Worten folgen jedoch niemals Taten. Mittlerweile ist er davon überzeugt, dass es den Kindern schlecht gehe und sie ihn nicht sehen wollen, weil ich sie angeblich gegen ihn instrumentalisiere. Sie seien dadurch doppelt traumatisiert – wegen meiner Manipulation und weil ich sie gezwungen habe, über Nacht alles zurückzulassen und weit weg zu ziehen. Seinen Anteil an der Geschichte sieht er nicht. Nach eigener Aussage sei er durch eine Therapeutin geheilt und einem gesunden Miteinander stehe nichts mehr im Wege.

> Steffi: „Ich kenne natürlich vor allem deine Seite, Carlotta. Dennoch sehe und lese ich die Nachrichten, die von deinem Ex-Mann kommen und bin jedes Mal völlig fassungslos. Wie er noch immer auf die Idee kommen kann, dich manipulieren zu können, sprengt meine Vorstellungskraft. Und ich sehe deine Kinder, alle drei. Mit deinem Ältesten verbinden mich tiefgründige Gespräche und eine geteilte mütterliche Sorge um seinen Zustand. Auch ich sehe, dass er mit seinen 22 Jahren kaum dazu in der Lage ist, sein Leben selbstständig und selbstbestimmt zu leben. Und ich sehe die Entwicklung, die die beiden jüngeren bis heute durchlaufen haben. Und selten war ich mehr davon überzeugt von etwas als davon, wie wichtig es war, die beiden Jungs da raus zu holen. Ich kenne deinen Ex-Mann seit fast 20 Jahren und es gab nicht wenige Momente, in denen er mir Gänsehaut ver-

> ursachte. Sein Anteil an dieser Geschichte ist immens – bis heute. Ich kenne deine Narben und die Narben deiner Jungs. Er war dir ein schlechter Ehemann und ist den Jungs ein schlechter Vater. Das fasst die Geschichte so einfach wie umfassend zusammen! Und dafür brauche ich keine andere Seite."

Sie hat Recht! Ich wäre dankbar, wenn meine Jungs eine gesunde Vaterfigur in meinem Ex-Mann finden könnten. Jedoch fehlt dafür jegliche Grundlage. Bis heute stellt sich mein Ex-Mann als Opfer dar. Und bis heute macht er mir Vorwürfe, schiebt mir die Täterrolle zu. Er diskreditiert mich in seinem Umfeld, holt sich dort die Bestätigung dafür, mich „hassen zu dürfen". Und er beschreibt ein falsches Leben. Er verheimlicht seine dunkle Seite, seine Gewalt, seine Ausschweifungen und Fantasien. Für ihn bin ich die betrügende Ehefrau, die eine Affäre mit Alex hatte und einfach abgehauen ist aus einer Ehe, die seiner Ansicht nach hätte gerettet werden können. Ich sei es, die ihn „mental fertig gemacht" habe. Nichts ist weiter von der Wahrheit entfernt. Und es beruhigt mich, zu sehen, dass die Polizei, die Therapeuten und Ärzte, die Frauenopferhilfe in meiner alten und der „Weiße Ring" in meiner neuen Heimat, das Jugendamt, mein Anwalt, meine Familie und meine Freunde meine Seite sehen und sagen, dass ich die Wahrheit sage und ein Opfer bin. Und mein Ex-Mann ist der Täter. Es ist so einfach! Dafür braucht es keine Farben! Das ist schwarz und weiß!

## Nachwort

Tatsächlich habe ich Susanne mittlerweile als die neue Freundin meines Ex-Mannes kennengelernt – sie war bei einem unserer Gespräche mit dabei, in dem es um unsere Kinder ging. Ich nutzte die Gelegenheit und konfrontierte ihn mit einigen Situationen unseres Ehelebens und meiner Sicht darauf. Aber von den beiden prallte alles ab. War ich dieses Verhalten von meinem Ex-Mann gewohnt, so stellte ich bei Susanne entsetzt fest, dass sie teilnahmslos lächelnd fast wie in einer geschützten Kuppel saß und nichts von mir annahm. Zum Abschluss sagte ich wörtlich zu ihr: „Pass auf dich auf, bitte." Sie antwortete: „Warum? Auf was soll ich aufpassen?" Als wäre kein Wort über seine Gewalt, seine Manipulation, seine Wut gefallen. Da wurde mir klar, dass auch sie schon tief in der Beziehung verloren war. Mir war wichtig, dass ich es versucht habe. Ich habe laut geschrien, habe versucht, das Kind von der Straße fern zu halten. Mehr kann ich nicht tun.

# Endnoten

1 https://de.wikipedia.org/wiki/Borderline-Persönlichkeitsstörung [Zugriff am 22.06.2021; 10:54]

2 https://www.derneuemann.net/borderline-co-abhaengigkeit/10515 [Zugriff am 12.06.2021; 14:21]

3 https://www.navigator-medizin.de/krankheiten/borderline-syndrom/warnsignale-fuer-suizid-gefahr.html [Zugriff am 21.09.2021]

4 https://dejure.org/gesetze/StGB/177.html [Zugriff am 11.08.2021; 09:18]

# Bewerten Sie dieses Buch auf unserer Homepage!

www.novumverlag.com

# Die Autorin

Carlotta Libert wurde 1979 in einer Kleinstadt in Mitteldeutschland geboren. Nach einigen Semestern Studium des Grundschullehramts und einem anschließenden Bachelorstudium der Sozialpädagogik arbeitete sie viele Jahre als pädagogische Mitarbeiterin an Grundschulen. Fünfzehn Jahre lang lebte sie mit ihrem Ex-Mann zusammen, der sie jahrelang physisch und psychisch missbrauchte – eine Zeit, die sie in ihrem Buch aufarbeitet. Heute lebt sie mit ihrem jetzigen Ehemann und ihren beiden jüngeren Söhnen zusammen.
Sie arbeitet an einer integrierten Gesamtschule und genießt ein ruhiges Leben.

**novum** VERLAG FÜR NEUAUTOREN

# Der Verlag

„ *Wer aufhört besser zu werden, hat aufgehört gut zu sein!*

Basierend auf diesem Motto ist es dem novum Verlag ein Anliegen, neue Manuskripte aufzuspüren, zu veröffentlichen und deren Autoren langfristig zu fördern. Mittlerweile gilt der 1997 gegründete und mehrfach prämierte Verlag als Spezialist für Neuautoren in Deutschland, Österreich und der Schweiz.

**Für jedes neue Manuskript wird innerhalb weniger Wochen eine kostenfreie, unverbindliche Lektorats-Prüfung erstellt.**

Weitere Informationen zum Verlag und seinen Büchern finden Sie im Internet unter:

w w w . n o v u m v e r l a g . c o m